Von Liebe und Macht
Das Mahabharata

Von Liebe und Macht
Das Mahabharata

Neu erzählt von Otto Abt

HORLEMANN

Deutsche Originalausgabe

Die Deutsche Bibliothek – CIP-Einheitsaufnahme
Für diese Publikation ist ein Titeldatensatz bei
Der Deutschen Bibliothek erhältlich

Tietelbildgestaltung unter
Verwendung eines Fotos des Autors

Bitte fordern Sie unser aktuelles Gesamtverzeichnis an:

Horlemann Verlag
Postfach 1307
53583 Bad Honnef
Telefax (0 22 24) 54 29
E-mail: info@horlemann-verlag.de
www.horlemann-verlag.de

Gedruckt in Deutschland

1 2 3 4 5 | 05 04 30 02 01

Mahabharata – Indiens Beitrag zur Weltliteratur

Vorwort von Rüdiger Siebert

Ganesha mit dem Elefantenkopf ist der heiterste der vielen Götter im hinduistischen Pantheon. Er ist Sohn des Shiva und dessen Gattin Lakshmi. Dickhäutig, wohlgenährt und ein Sinnbild vollendeter Zufriedenheit thront Ganesha, neben ihm die stets um seine plumpen Beine huschende Ratte. Er ist verkörperte Liebenswürdigkeit, den Rüssel in die Schale mit den begehrten Süßigkeiten getunkt, die die linke Hand hält. Massig in seiner Fülle, Vertrauen, Weisheit, Lebenslust ausstrahlend. In unerschütterlicher Gemütsruhe ist Ganesha bereit, alle Hindernisse aus dem Weg zu räumen und mit schlenkerndem Rüssel das Ungemach der Menschen zu verscheuchen; ein Helfer, auf den man sich verlassen kann. Vor Reisen, Examen und wichtigen Entscheidungen wird er um Rat und Beistand gebeten.

Ein alter Freund übrigens, dem zu begegnen auf vielen Reisen in Asien ein Vergnügen ist: in Indien, wo Ganeshas Heimat ist; in Sri Lanka, Burma, Nepal, Thailand, Indonesien, Kambodscha, Laos, Süd-Vietnam: überall wo sich der Geist Indiens ausbreitete, sich mit tiefverwurzelten, bodenständigen Kulturen vermählte und Neues wachsen ließ an menschlichen Werken, die von den Göttern Indiens befruchtet wurden. Dem aufmerksamen Ganesha, so berichten die alten Legenden, hat vor vielen Generationen der indische Dichter Krishna Dvaipayana Vyasa das Mahabharata diktiert – und Ganesha hat das umfangreichste Epos der Menschheit auf Palmblättern niedergeschrieben in der ihm eigenen Geduld, Klugheit und Verläßlichkeit, auf daß es verbreitet werde in Süd- und Südostasien: Indiens Beitrag zur Weltliteratur.

80.000 Doppelverse in Sanskrit, eingeteilt in achtzehn Bücher, die in geheiligter Zahl eine Dreiteilung des dramatischen Geschehens ausbreiten, aufgebaut als klassische Tragödie: Im ersten Teil der Bücher eins bis fünf werden Genesis und Zerwürfnis – bheda – der königlichen Familien erzählt, die sich in einen unausweichlichen Krieg – yuddha – hineinmanövrieren. Im zweiten Teil der Bücher sechs bis zehn wird in allen Einzelheiten der Krieg geschildert. Im dritten Teil der Bücher elf bis achtzehn wird der Sieg – jaya – als Überwindung irdischer Querelen gefeiert. Natürlich ist das Mahabharata nicht das Werk eines einzelnen Dichters: es ist das kollektive Gedächtnis eines ganzen Volkes, seit dreitausend Jahren gewachsen und geworden, von Generation zu Generation weitererzählt, mit immer neuen eingestreuten Nebenmotiven erweitert, so daß das eigentliche Heldenepos die Rahmenerzählung einer unerhört vielfältigen, verschlungenen Geschichtensammlung bildet. Die endgültige Gestalt des Mahabharata erfolgte im 4. und 5. Jahrhundert nach unserer Zeitrechnung.

Umfang und Anspruch sind gewaltig: „Was immer in dieser Welt vorkommt, das findet sich auch im Mahabharata; und was man darin nicht findet, das gibt es nirgendwo auf der Welt.“ So heißt es in einem der ersten Kapitel des bedeutendsten Epos der Hindus. Es ist Heldengedicht und Rechtslehrbuch zugleich. Die Mischung aus spannenden Geschichten und Darlegung sittlicher Gebote macht das Werk so einzigartig und hebt es über Raum und Zeit hinaus. Nichts, was Menschen tun, sich gegenseitig antun und tun sollten, bleibt ausgespart. Liebe, Laster, Leidenschaft, Verrat, Mut, Treue, Zweifel – die endlose Liste des Menschlichen, allzu Menschlichen wird personifiziert, namentlich benannten Helden und Schurken zugeordnet und in einer auch dem Leser, Hörer, Zuschauer des 21. Jahrhunderts verständlichen Weise dramatisiert: Das ist der pralle, üppige, sattfarbene Stoff, aus dem die Romane, Novellen, Poeme, Volkslieder, Theaterstücke aller Zeiten geschneidert wurden. Doch das Mahabharata will nicht nur unterhalten und das Publikum in

Bann ziehen, es ist vielmehr Modell einer streng hierarchisch von oben nach unten strukturierten Gesellschaft, in der jedem Menschen ein ganz bestimmter Platz mit ganz bestimmten Pflichten und Rechten zugestanden wird: im Diesseits und im Jenseits. Es ist Verhaltenskodex, an dem sich Verhaltensweisen auszurichten haben im Dienste von Ethik, Recht und Moral.

Nichts für Drückeberger. Es gibt kein Entweichen, keine Flucht vor der Pflichterfüllung. Arjuna, bejubelter Held, Liebling der Frauen, zögert am Morgen vor der Schlacht. Auf der gegnerischen Seite stehen die Freunde und Verwandten, die zu Feinden geworden sind, bereit zum vernichtenden Schlag. „Kann ich die Waffe erheben gegen die, die ich liebe?“ so klagt der Krieger. „Wie könnten wir je glücklich werden, nachdem wir unsere eigenen Leute getötet haben?“ Und Vishnu, Schöpfer, Erhalter und Vernichter, der Arjunas Kampfwagen in der Gestalt des zur Erde herabgestiegenen Krishna lenkt, entgegnet dem Zaudernden: „Tat ist die Pflicht für den, der um Waffen zu tragen geboren! Erzhart, voll innerer Glut, säe Tod er, denn Tat heißt die Pflicht ihm!“ Es folgen die siebenhundert Strophen des philosophischen Lehrgedichts, das als Bhagavad Gita das Kernthema des Mahabharata ist und vom Verhältnis zwischen Gott und Mensch kündet, von Gut und Böse, von der Pflicht zum Handeln, der sich niemand entziehen kann, je nach seinem vorgegebenen Platz in der Gesellschaft. Arjuna fügt sich dem Gebot. Er geht in die Schlacht, und Krishna hält die Rösser im Zaum. Die kosmische Weltordnung ist gerettet.

„Die Bhagavad Gita ist ein philosophisches Gedicht – und nicht mit Unrecht nennt Wilhelm von Humboldt sie ‚das schönste, ja vielleicht das einzig wahrhafte philosophische Gedicht, das alle uns bekannten Literaturen aufzuweisen haben‘“, so heißt es in der 1922 bei Eugen Diederichs in Jena erschienenen deutschen Übersetzung von Leopold von Schroeder, und weiter: „In der Tat ist es wohl das einzige in der Weltliteratur, welches ganz diesem Begriff entspricht, das heißt wirklich philosophisch und doch zugleich ein echtes, von höchstem poetischen Schwunge getragenes Gedicht ist. ... Daß ein solches Gedicht gerade bei den Indern entstehen konnte, ja entstehen mußte, das begreift sich leicht, wenn man weiß, in welchem Grade dies hochbegabte Volk vor anderen Völkern schon früh, schon im vedischen Altertum von großen philosophischen Gedanken erfaßt und durchdrungen wird, mit welcher Energie es um die Klärung und Ausgestaltung seiner Weltanschauung fort und fort ringt, in welcher Ausdehnung hier philosophische Gedanken durch Jahrhunderte und Jahrtausende sich mit den religiösen Vorstellungen verbinden und verschmelzen, aus ihnen erwachsen und sie wiederum bestimmen, ja auch Leben und Handeln bestimmen und beherrschen."

Das Mahabharata entstammt historisch gesehen Altindien und ist aus seiner Geschichte heraus zu verstehen, aber es ist in seinem sittlichen Anspruch zeitlose, über den historischen Rahmen wirkende Herausforderung geworden und geblieben; Anlaß der Diskussion und Interpretation, Gegenstand gelehrten Streites und populären Lebensmusters. Das Mahabharata ist Indien und Indien ist das Mahabharata. Da ist nichts verstaubt oder gar vergessen. Auch im gegenwärtigen Indien erfreut sich das Epos einer Lebendigkeit, die den europäischen Beobachter verblüfft. Wir sehen auf dem Bildschirm die Protagonisten in TV-Soap-Operas wieder, begegnen ihnen in Spielfilmen und Groschenromanen. Comic-strips bringen die Szenen à la Tarzan gezeichnet unters einfache Volk. Die Motive schwingen in Tanz und Musik mit. Arjuna und Krishna auf ihrem Kampfwagen, prächtig ausstaffiert, sind ein Standardpaar, das millionenfach reproduziert überall in indischen Wohnstuben, Restaurants und öffentlichen Gebäuden an den Wänden prangt, farbenfroh und phantasieanregend. Die gelehrten Abhandlungen zum Mahabharata füllen ganze Bibliotheken. Das „Who is Who in the Mahabharata", 1990 in Bombay erschienen, gibt Auskunft zu mehr als tausend Namen, deren Biographie und verwandtschaftlichen Beziehungen. Der indische Diplomat und Schriftsteller Shashi Tharoor (Jahrgang 1956) nimmt das Mahabharata als Vorlage, um in seiner breit angelegten satirischen Erzählung „Der Große Roman Indiens" die Geschichte des Subkontinents von den Aufständen wider die britische Kolonialherrschaft bis in die widerspruchsvolle Gegenwart aufzurollen. Im Vorwort weist der Autor ausdrücklich und in aller Bescheidenheit darauf hin: „Der 'Große Roman Indiens' verdankt seinen Titel nicht der inhaltlichen Bewertung durch den Verfasser, sondern der Ehrerbietung gegenüber seiner wichtigsten Inspirationsquelle, dem uralten Epos Mahabharata. In Sanskrit bedeutet Maha groß und Bharata bedeutet Indien.“ Ein Lesevergnügen, das die Sippen der Kauravas und Pandavas im Licht und Zwielicht des 20. Jahrhunderts agieren läßt: Gandhi, Nehru, der britische Vizekönig und andere Akteure im Ringen um Indiens nationales Erwachen spielen als Wiedergeborene die ihnen zugewiesenen Rollen auf der Weltenbühne. Da werden nicht nur Beständigkeit und Unverwüstlichkeit des Mahabharata-Stoffes deutlich, Shashi Tharoor zeigt mit seinem Roman auch die globale Dimension des Epos auf.

Von solchem Geist durchweht erklärt es sich, daß das Mahabharata schon in früher Zeit weit über die Küsten und Grenzen des Subkontinents hinaus von den Menschen Südostasiens aufgenommen und angenommen wurde, Kulturen inspirierte und nachhaltig formte. Im Gegensatz zu Christentum, Islam und sonstigen Heilslehren, die mit Missionierung, Kolonisierung, mit Gewalt und Intoleranz sogenannten Heiden und Ungläubigen aufgedrängt und eingebleut wurden, breitete sich indischer Geist ohne Feuer und Schwert in Asien aus. Das Mahabharata und das Ramayana, das zweite große Epos, bedurften ebensowenig wie die indisch-stämmigen Religionen Hinduismus und Buddhismus militanten Nachdrucks oder staatlich-klerikaler Bevormundung, um willkommene Aufnahme in den süd- und ostasiatischen Regionen zu finden – Tausende Kilometer von Indien entfernt, losgelöst von Indien und doch wie ein starker, lebensspendender Samen in fremder Erde aufgehend und zu neuer Blüte treibend.

Die Werteordnung des Mahabharata beeinflußte Herrschaftssysteme im Kambodscha der Angkor-Reiche. Szenen der großen, achtzehn Tage währenden Schlacht der Kauravas und Pandavas sind in den Sandsteinreliefs des Angkor Wat festgehalten, dem architektonischen Weltwunder der Khmer, im 12. Jahrhundert geschaffen. Javanische Fürsten orientierten sich am Geiste des Mahabharata und begründeten damit ihre Macht. Höfisches Leben in Burma und Thailand bezog daraus Rat und Rituale. Mahabharata-Szenen finden sich an laotischen Tempeln des Theravada-Buddhismus wieder. In viele Volkserzählungen außerhalb Indiens flossen Mahabahrata-Motive ein; und es ist längst ein Feld wissenschaftlicher

Forschung, herauszufinden, welcher Held, welcher Unhold, welche Frauenfigur in adaptierter Gestalt fortbestehen.

Im heutigen Jakarta steht mitten im Verkehrsgewühl der stilisierte Kampfwagen mit Arjuna und Krishna; ein Denkmal, das die Wurzeln javanisch-indonesischen Selbstverständnisses in Beton beschwört. Nirgends sonst fern von Indien leben die Mahabharata-Helden so volksverbunden weiter wie auf Java und Bali. Bei jeder Wayang-Aufführung geistern ihre Schatten über die Leinwand des Dalangs, des Spielmeisters. Die Namen der Heroen und Verdammten, die mal göttliche, mal menschliche, mal dämonische Züge tragen, gehören zum geistigen Allgemeingut, ihre Charaktereigenschaften kennt jedermann, sie sind Vorbild oder Abschreckung, erstrebenswertes Ideal oder Inbegriff der Verachtung. Da änderte sich die Schreibweise von Namen, da fügte javanische Tradition neue eigenständige Figuren hinzu, da wurden Handlungsabläufe auf die regional-insularen Gegebenheiten abgestimmt – aber die Essenz des Mahabharata blieb erhalten. Immer wieder aufs Neue vom Dalang zum Leben einer nächtelangen Aufführung des Schattenspiels – wayang kulit – oder der westjavanischen Variante des Stabpuppenspiels – wayang golek – erweckt. Vom Mahabharata ließ sich auch die deutsche Geisteswelt befruchten. Friedrich Schlegels Betrachtung „Über die Sprache und Weisheit der Indier“, 1808 erschienen, schloß bereits eine beispielhafte Übersetzung einiger Mahabharata-Texte ein. Spätere Indologen und Bewunderer Indiens setzten die Entdeckungsreise in der Welt des Mahabharata fort. Friedrich Rückert schuf 1828 mit der Nala-Erzählung die erste vollständige deutschsprachige Nachdichtung einer in sich geschlossenen Geschichte aus dem Mahabharata. Zur geistigen Herausforderung, was die Übersetzung und die Auslegung betrifft, wurde vor allem die Bhagavad Gita. Wilhelm von Humboldt hatte sie in der lateinischen Übersetzung August Wilhelm von Schlegels von 1823 studiert und darüber seine Gedanken niedergeschrieben, was Georg Friedrich Wilhelm Hegel zum Anlaß eigener Arbeiten darüber veranlaßte. Es folgt eine lange Liste von Übersetzern im 20. Jahrhundert. In einer ganzen Reihe volkstümlicher Nacherzählungen der Kerngeschichten erreichte das Mahabharata bis heute Generationen deutscher Leser. Die vorliegende Sammlung ist in guter Tradition.

Eine nachhaltige Herausforderung auch für europäische Künstler der Gegenwart. Wie aktuell und zeitlos der Stoff ist, bewies Peter Brooks' „Mahabharata" für das Theater-Festival in Avignon der 1980er Jahre. Mit der internationalen Besetzung, der Mehrsprachigkeit, der multikulturellen Ausstrahlung dieses auch für eine Filmversion inszenierten Stückes wurde die universelle Botschaft des Mahabharata in alle Welt getragen. Das sittliche Recht – dharma – als über dem Individuum und seinen Leidenschaften stehendes Gebot im fortwährenden Kampf gegen das ungezügelte Böse – adharma. Das Gute, das stets von den Widersachern gefährdet und doch unauflöslich damit verbunden ist, weil das eine aus der Gegensätzlichkeit zum anderen existiert. Das ist Indiens unvergängliche Lehre.

Vorbemerkung des Autors

Das Mahabharata gehört zu den bedeutenden Büchern der Welt und beschreibt die Ereignisse, welche sich einst zur Zeit des großen Bharatareiches in Indien zugetragen haben. Während andere wichtige Werke mehr oder weniger auf allen Kontinenten bekannt sind, ist die Kenntnis des Mahabharata zu Unrecht vorwiegend auf den hinduistischen Kulturkreis beschränkt.

Wer heute zu den Inseln Bali und vor allem Java reist, erlebt immer wieder Schattenspielaufführungen aus dem Mahabharata-Epos. So auch ich. Das Gedankengut des Mahabharata bestimmt noch immer das einst von Indien geprägte Indonesien, das heute zu einem über 200 Millionen Volk herangewachsen ist, welches zu 90% aus Moslems besteht.

Später erfuhr ich, welche Bedeutung diese Schriften im modernen Indien haben. Sie sind nach und nach in langer Zeit entstanden, und ihre Wurzeln reichen bis ins Zweite vorchristliche Jahrtausend hinab. Neugierig geworden erstand ich zwei verschiedene zusammenfassende Übersetzungen und vertiefte mich darin. Hinzu kamen noch ergänzende Darstellungen aus Deutschland und vor allem Indonesien.

Beim Lesen konnte ich bald verstehen, wie schwierig es ist, sich in der Unzahl neuer Namen zurechtzufinden und die vielfältigen Geschehnisse, die in 90.000 Doppelversen beschrieben sind, miteinander zu verknüpfen. Darin mag wohl die Unbekanntheit dieses vielbändigen Werkes bei uns liegen. Ich wurde jedoch zugleich mehr und mehr von der tiefen Weisheit und Religiösität dieses Epos in den Bann gezogen. So reifte in mir der Entschluß, Geschichten aus dem Mahabharata für den etwas eiligeren Leser zu schreiben, die ihn hoffentlich gefangen nehmen und zugleich bereichern. Als Schauplatz wählte ich hierfür Indonesien, wie ich es in den Schattenspielen erfahren hatte, und fügte eine uralte indonesische Ergänzung des Mahabharata, das „Hasta Berata“, hinzu.

Buch I

Gangga begegnet Sentanus Vater

Von der Wirkkraft der Meditation

Vor uralten Zeiten lebte im Reiche Bharata ein mächtiger König. Sein Volk liebte ihn sehr, weil er gerecht zu jedermann und immer für seine Untergebenen da war.

Seine ganze Freude war sein Sohn Sentanu, der einmal das Reich übernehmen und König werden sollte. Voll Stolz blickte der Vater auf ihn. Sentanu war ein hübscher junger Mann, dessen Angesicht vor Kühnheit glühte. Er war gesund und in allen Künsten bewandert, dazu hilfsbereit und von freundlichem Wesen. Er hatte all diese Tugenden von seinen Eltern erworben, ohne dabei seine Bescheidenheit zu verlieren.

Eines Tages saß der Vater in tiefem Gebet versunken an seinem Lieblingsplatz in einem schattigen Wäldchen. Er meditierte. Keiner seiner Diener war bei ihm. Plötzlich hörte er neben sich ein Rascheln. Der König versuchte, nicht darauf zu achten, doch das Rascheln hörte nicht auf. Er öffnete seine Augen. Da, träumte er? Neben ihm saß ein junges Mädchen, von einer solchen Schönheit, wie er es noch nie erlebt hatte. Der alte König erschrak. Das junge Mädchen merkte das wohl, lächelte und begann leise und sehr eindringlich zu sprechen mit einer Stimme, die so zärtlich klang wie der Ton der Bambusflöte: „Ich bin Dewi Gangga, die Flußgöttin. Ich weiß König, daß Ihr mit allem zufrieden seid und Euer Glück in der Stille des Gebetes gefunden habt. Ich weiß aber außerdem, daß Euch insgeheim eine Sorge plagt, wenn Ihr auch nicht darüber sprechen wollt. Ihr macht Euch Gedanken, wer einmal die Nachfolge auf Eurem Thron übernehmen wird, wenn Ihr und später Euer Sohn tot seid. Ich möchte Euch diese Sorge nehmen, indem ich Euch anvertraue, daß ich einmal die Frau Eures Sohnes sein und ihm einen Sohn gebären werde."

Der König wollte noch etwas sagen, aber das Mädchen entschwand freundlich lächelnd seinen Blicken. Eine ganze Weile blieb er noch regungslos sitzen und wußte, die Zukunft seines Königgeschlechtes lag in guten Händen. Und immer mehr wurde ihm auch gleichzeitig klar, daß er mit niemandem über diese Begegnung sprechen würde, ehe nicht Sentanu Dewi Gangga geheiratet hätte. Er stand auf, dankte dem Himmel und kehrte zu seinem Schloß zurück.

Nach einigen Wochen rief der König seinen Sohn herbei und sprach zu ihm: „Heute möchte ich dir mein Geheimnis verraten. Du bist nun herangewachsen und hast die Reife erreicht, um das zu sehen, was ich dir jetzt zeigen werde. Komm mit mir!" Vater und Sohn verließen das Schloß. Sentanu spürte, daß der Vater ihm heute etwas Besonderes anvertrauen wollte, und fühlte sich deshalb geehrt. Die beiden Männer schritten schweigend nebeneinander her. Der Weg führte sie zum Fluß. Sie stiegen eine kleine Höhe hinauf, die mit einem lichten Wäldchen bewachsen war. Der schmale Pfad war im Dickicht der Pflanzen kaum zu sehen. Der Vater ging voran und hielt unter einer hohen Palme inne: „Hier lassen wir uns nieder!" Sie setzten sich auf einen Lavastein. Sentanu wagte nicht, die Stille zu brechen. Erst jetzt vernahm er den Klang der Vögel in den Bäumen, das sanfte Rauschen des Flusses, der zu ihren Füßen dahinzog. Sein Blick wanderte weiter über das im Sonnenschein glitzernde Wasser über das helle Grün der Reisfelder bis hin zu den Gebäuden des Schlosses, deren Dächer golden schimmerten.

Nach einer Weile sprach der Vater in die Stille hinein: „Sentanu, ich weiß, daß du mich verstehst, wenn ich dir nun mein Geheimnis anvertraue."

Der Sohn nickte nur stumm und setzte nach einer Weile zögernd hinzu: „Vater, ich glaube, ich kenne es schon. Du brauchst es mir nicht mehr zu sagen. Deine Ruhe, deine Friedfertigkeit und Kraft holst du dir hier von diesem Ort. Hier begegnest du den Göttern."

Der Vater lächelte und legte schweigend seinen Arm um die Schultern seines Sohnes. Dann traten die beiden Männer den Heimweg an. Die Leute im Schloß meinten, noch nie hätten sie zwei Menschen so einträchtig beieinander gesehen und von ihren Gesichtern sei ein Glanz ausgegangen.

Gangga begegnet Sentanu

Der Fluch des Misstrauens

Sentanu verlangte es immer mehr, noch einmal den Platz unter der hohen Palme aufzusuchen, den der Vater ihm gezeigt hatte. So bat er eines Tages seinen Vater um Erlaubnis, an dieser Stelle meditieren zu dürfen. Der alte König freute sich: „Sentanu, auf deine Bitte habe ich gewartet. Nur zu gerne gestatte ich dir, dorthin zu gehen. Nimm meinen Platz unter der Palme ein. Ich werde einen anderen Ort für mich suchen."

Sentanu machte sich sogleich auf den Weg. Scheu trat er zu dem hohen Baum, unter dem sein Vater sich sonst niedergelassen hatte. Er war kaum zur Ruhe gekommen, als der Friede dieser Landschaft ihn in Bann schlug. Er versank in tiefe Meditation. Bald war er nur bei sich und hatte kein Auge mehr für seine Umgebung. So vernahm er auch nicht das laute Plätschern im Flußwasser, sah nicht, was sich dort ereignete. Mit einem Male schreckte er auf. Etwas Kaltes hatte sein Gesicht getroffen. Er riß die Augen auf, unwillig, ärgerlich. Was störte ihn? Da sah er vor sich im Fluß ein wunderbares Mädchen, das ihn lachend naß spritzte. Die junge Frau winkte ihm zu. Sentanu versuchte aufzuspringen und zu ihr zu eilen, aber er war so von ihrer Schönheit gefesselt und überwältigt, daß er dazu nicht die Kraft hatte.

Das Mädchen bemerkte das wohl und rief ihm scherzend etwas zu. Dann winkte sie ihm noch einmal und verschwand, ihn mit schelmisch blitzenden Augen anblickend. Sentanu war völlig verwirrt. Endlich stand er auf, eilte zu seinem Vater aufs Schloß und berichtete ihm von der schönen Frau.

Sein Vater ließ sich nichts anmerken und beruhigte ihn: „Geh morgen wieder zu der gleichen Stelle. Vielleicht ist sie wieder dort." Am nächsten Morgen hastete Sentanu in aller Frühe zum Fluß. Aber so lange er auch wartete, das Mädchen kam nicht. Ungeduldig lief er hin und her. Nichts Außergewöhnliches geschah. Die Sonne stand schon hoch am Himmel. Nichts. Sentanu wartete und wartete, und mit den dahinrinnenden Stunden verließ ihn immer mehr die Hoffnung, das Mädchen noch einmal wiederzusehen. Schließlich dämmerte es, und er machte sich ganz verzweifelt und niedergeschlagen auf den Heimweg. Sein Vater tröstete ihn und sprach ihm Mut zu. Am nächsten Tage machte sich Sentanu sogleich wieder auf den Weg zum Fluß. Aber er wartete vergeblich.

Auch in der darauffolgenden Zeit versuchte er sein Glück; vergeblich. Doch er mußte das Mädchen sehen! Er konnte an nichts anderes mehr denken.

Endlich, am siebten Tage, eine Stunde nach Sonnenaufgang, teilten sich die Fluten des Flusses, und Sentanu sah vor sich die junge Frau in ihrer ganzen Schönheit. Er eilte zur ihr hin und schaute sie unentwegt an. Sie bemerkte sehr wohl, was in ihm vorging.

So erhob sie ihre Glockenstimme und sagte: „Ich bin Dewi Gangga, und wie heißt du?"

„Sentanu", gab der junge Mann zur Antwort, und dann sprudelte es aus ihm heraus, und er fand immer wieder neue Worte, welche alle das gleiche meinten: „Ich möchte dich heiraten."

Dewi Gangga beruhigte den jungen Mann, der so stürmisch auf sie einredete, und versprach schließlich, seine Frau zu werden, aber nur unter der einen Bedingung, daß er sie nie nach dem Grund ihres Handelns frage, auch wenn sie die absonderlichsten Dinge tun würde.

Sie fuhr fort: „Du weißt, daß ich eine Göttin bin, und dein Vertrauen zu mir und zu allem, was ich tue, soll unerschütterlich sein. Solltest du mich einmal fragen, so kann ich nicht mehr länger bei dir sein und muß zum Himmel zurückkehren."

Sentanu versprach alles, und kurze Zeit später wurde eine prächtige Hochzeit gefeiert. Sein Vater zog sich aus den Staatsgeschäften zurück und überließ seinem Sohn den Königsthron. Es folgte für das junge Paar eine Zeit unbeschreiblichen Glücks.

Bald fühlte Dewi Gangga, daß sie ein Kind erwartete, und Sentanu freute sich darauf, Vater zu werden. Ein Sohn erblickte das Licht der Welt. „Nun habe ich einen Thronfolger", jubelte der Vater.

Doch der Jubel verwandelte sich alsbald in jähe Trauer. Als Sentanu eines Morgens an das Kinderbettchen trat, war es leer. Dewi Gangga stand dabei und bedeutete ihm, daß das Kind verloren sei. Sie legte ihre Hände auf seinen Mund, damit er nicht fragen möge.

Da wußte Sentanu, daß seine Frau am Verschwinden des Kindes beteiligt war. Aber er schwieg und gab sich so seinem Schmerz hin. Lange sprach er kein Wort zu jemandem im Schloß, und sein Gesicht wurde finster.

Doch mit der Zeit gewahrte er immer mehr die Schönheit und Anmut seiner Frau, und eines Tages lagen sich beide wieder in den Armen. Eine gute Zeit brach an, wenn auch noch immer der Schatten seines verlorenen Kindes über allem lag.

Nach einigen Monaten fühlte sich die Königin wieder schwanger, und wieder freute sich Sentanu auf die bevorstehende Geburt. Wieder war es ein Thronfolger. Diesmal aber sollte er nicht verschwinden. Sentanu ließ Mutter und Kind nicht mehr aus den Augen. Nachts wachte er heimlich, und tagsüber hielt er sich immer in der Nähe der beiden auf, ohne daß Dewi Gangga es bemerkte. Er brauchte nicht lange zu warten. Kaum hatte seine Frau das Wochenbett verlassen, da hörte er sie im Kinderzimmer hantieren, und als er leise nachschaute, sah er sie mit einem Bündel im Arm, das sich bewegte, aus dem Schloß eilen. Er folgte ihr heimlich. Wohin wollte sie gehen? Kaum hatte die Frau das Schloß verlassen, stürmte sie in rasendem Lauf davon. Er konnte nun alle Vorsicht fallen lassen, und er rannte hinter ihr her. Seine Frau näherte sich dem Fluß und warf mit einem lauten Schrei das Kind in hohem Bogen in die Fluten.

Kaum hatte das Kind das Wasser berührt, so war es auch schon verschwunden. Sentanu stand versteinert am Ufer des Flusses und starrte ins Wasser, um das Kind zu sehen und herauszuholen. Aber so sehr er auch suchte, keine Spur vom Kinde war mehr zu sehen. Tränen der Verzweiflung stiegen ihm in die Augen.

Da fühlte er sich mit unendlich sanfter Hand berührt. Seine Frau stand mit ernstem Gesicht neben ihm und verschloß ihm den Mund. Sentanu erinnerte sich seines Versprechens und ging wortlos heim.

So geschah es noch fünf weitere Male. Auf erwartungsvolle Freude folgten stummes Entsetzen und Trauer. Immer noch hatte es Dewi Gangga vermocht, ihren Mann an sein Schweigen zu binden. Aber langsam spürte sie, daß mit dem Tod jedes ihrer Kinder ihr Einfluß auf ihren Mann schwand. Immer mehr zog er sich von ihr zurück. Sie hatten nur noch wenig Kontakt miteinander, und die Zeit schlich träge und abwechslungslos dahin.

Endlich wurde Dewi Gangga zum achten Male schwanger. Kaum hatte sie entbunden, da stand Sentanu mit finsterem Gesicht vor ihr und begann ohne zu Zögern zu schreien: „Diesmal tötest du mein Kind nicht! Als Vater und König habe ich ein Recht auf meinen Sohn und Thronfolger. Sag, warum hast du alle meine Kinder getötet? Mit jedem meiner Kinder bin auch ich gestorben. Weißt du das nicht?“

Dewi Gangga erblaßte vor Schrecken und nach einer Weile des Entsetzens begann sie ganz ruhig zu sprechen: „Sentanu, du weißt, daß ich eine Göttin bin. Ehe ich vom Himmel zu dir herabstieg, habe ich verzweifelten, himmlischen Göttern versprochen, welche dazu verflucht worden waren, auf Erden als Menschen zu leben, ihnen zwar das menschliche Leben zu schenken, sie aber danach sogleich wieder zum Himmel zu schicken. Dafür sollten sie den achten Teil ihrer göttlichen Kraft dem letzten Sohn abgeben, der jetzt vor dir liegt. Dieser dein Sohn wird mächtig, stark und klug werden. Nenne ihn Devabrata. Ich muß dich jetzt verlassen, wie du weißt. Ich werde dich nicht vergessen.“

Sie erhob sich und ging durch die geöffnete Tür nach draußen. Sentanu rannte ihr nach, um sie festzuhalten. Er sah nur noch, wie sie emporschwebte und seinen Blicken entschwand.

Sentanu und Durgandini

Von der Liebe des Sohnes zum Vater

Es brach nun eine traurige Zeit für Sentanu an. Wohl freute er sich über den kleinen Devabrata, der von Tag zu Tag kräftiger und munterer wurde, aber er hing noch zu sehr an seiner von ihm getrennten Frau, um seinen Schmerz vergessen zu können. Sein Herz wurde schwer, seine Augen blickten traurig in die Ferne, als suche er noch immer seine entschwundene Göttin. Alle, die ihn kannten, hatten Mitleid mit ihm und beklagten sein schweres Schicksal. Nur helfen konnte keiner.

Immer wieder zog es Sentanu zu dem Platz, an dem er Dewi Gangga zum ersten Mal gesehen hatte. Fast täglich konnte man ihn unter der hohen Palme sitzen sehen, seinen Gedanken nachhängend.

Mit den Monaten, mit den Jahren senkte sich immer mehr der Friede dieses Ortes auf seine Seele. Sentanu wurde ruhig und ergab sich in sein ihm bestimmtes Los. Nur wenn er mit Devabrata sprach, vergaß er für einen Augenblick seinen Schmerz, und ein Lächeln huschte über sein Antlitz. Devabrata liebte seinen Vater sehr. Wenn er auch noch nicht alles verstand, so merkte er doch, daß sein Vater ihn brauchte.

Eines Tages hatte sich Sentanu wieder unter der Palme niedergelassen, um neue Kraft zu schöpfen. Sein Blick ging über den Fluß in die Weite. Ehe er seine Augen schloß, um in Meditation zu versinken, gewahrte er eine Bewegung im Fluß. Auf dem träge dahin fließenden Wasser entstanden von der Mitte her kleine, kreisförmige Wellen, welche sich nach allen Seiten ausbreiteten. Dann tauchte aus dem Wasser etwas hervor. Eine Frau, nein eine Göttin, erhob sich aus den Fluten. Ihr Antlitz war von makelloser Schönheit, und ihr Körper strahlte im Glanz jugendlicher Frische. Die Frau wandte ihr Gesicht Sentanu zu. Dieser sprang auf, seine Augen waren von der Erscheinung gebannt. Er hatte alles, alles vergessen und sah nur diese Frau. Sie winkte. Er lief zum Ufer, sprang ohne Zögern ins Wasser und stand vor ihr, heftig atmend.

„Ich bin Durgandini“, hauchte sie, ihren scheuen Blick senkend. Sentanu fühlte sich magisch von ihr angezogen. Nichts konnte ihn mehr aufhalten. Doch Durgandini hob abwehrend ihre Arme. Dann bedeutete sie ihm, mit ihr ans Ufer zu gehen, sie habe ihm etwas zu erzählen.

Beide ließen sich nieder, und sie begann: „Ich weiß sehr wohl, wer du bist, Sentanu, und ich kenne deine Lage. Bitte höre mich deshalb an. Bleib ganz ruhig und erschrick nicht. Ich hatte schon einmal einen Mann. Er kam als Asket aus dem Wald und heiratete mich auf Drängen der Götter. Ich gebar ihm bald einen Sohn: Abiyasa. Ich war sehr glücklich, und mein Kind wuchs heran. Dann aber kam die Stunde, in der mein geliebter Mann mich verließ. Er wollte wieder in die Einsamkeit der Wälder, um dort zu meditieren. Er sprach zu mir: ‚Ich habe den Willen der Götter erfüllt und dir einen Sohn gezeugt. Aber mein Platz ist nicht bei dir. Die Einsamkeit ruft mich, ich werde nur als Asket mein Glück finden.' Er verabschiedete sich von mir und meinem Sohn und gab mich für einen anderen Mann frei. Mein Sohn blieb nicht lange bei mir. Auch ihn zog es wie seinen Vater in die Einsamkeit. Ich ließ ihn schweren Herzens ziehen; denn jeder muß so leben, wie Gott es will."

Sentanu ergriff die Hände von Durgandini. Wie ähnlich war doch sein Leben dem ihrigen. „Die Götter haben uns für einander bestimmt", entfuhr es ihm. Durgandini lächelte: „Geh nach Hause und überlege, ob du mich wirklich so sehr liebst, daß es für eine Heirat reicht. Wenn du dir sicher bist, komm zu Fluß. Ich werde dort sein."

Durgandini erhob sich, tauchte ins Wasser und schwamm mit langen Zügen davon. Sentanu stand nun da, verwirrt und glücklich zugleich. Schließlich trat er den Heimweg an. Ein anderes Leben hatte für ihn begonnen. Auf dem Schloß hatten Vater und Sohn ein langes Gespräch. Für beide stand fest, Durgandini sollte die neue Königin sein.

Am nächsten Morgen sah man Sentanu schon vor Sonnenaufgang zum Fluß eilen. In dieser Nacht hatte er kein Auge zu machen können, vor Erwartung und Vorfreude. Warum wurde der Weg, den er doch so genau kannte, so lang? Endlich stand er am Flußufer. Durgandini war nicht da. Natürlich konnte sie noch gar nicht da sein. Sie würde doch nicht im Finstern baden oder auf ihn warten. Nur mit Mühe konnte er seine Ungeduld verbergen. Die Sonne erhob sich am Himmel, der alsbald in gleißendes Licht getaucht war. Die Tiere im Walde begannen ihr lautes Konzert. Wo war Durgandini?

Endlich erschien sie, und ein Lächeln flog über ihr mädchenhaftes Gesicht. „Willst du meine Frau werden?" stieß er hervor. Er schämte sich.

Durgandini strahlte ihn an, dann aber verdunkelte sich ihr Gesicht, und sie sprach mit ernsten Worten: „Ich kann erst dann mit dir gehen, wenn du mir versprichst, daß die Kinder, welche ich mit dir haben werde, auf den königlichen Thron kommen und dieser später wieder an deren Kinder weitervererbt wird."

Sentanu erstarrte: „Was wird aus meinem Sohn Devabrata? Er ist doch der Thronfolger."

Die Göttin schüttelte ihr Haupt: „Du mußt dich entscheiden!"

Wie betäubt starrte er Durgandini nach, wie sie, ihn liebevoll anschauend, entschwand. Er starrte noch lange in die Leere, bis er sich endlich nach Hause schleppte.

Sein Sohn sah ihn so kommen: „Vater, was ist?"

Aber er erhielt keine Antwort. Devabrata fühlte, daß etwas Schreckliches geschehen sein mußte. Sein Vater begab sich schweigend in sein Gemach und verweigerte jegliche Speise. Die Diener berichteten, daß ihr hoher Herr regungslos an seinem Tisch sitze und keinen um sich herum wahrnehme. Einige Tage ließ der besorgte Sohn seinen Vater in Ruhe allein. Dann aber entschloß er sich, ihn aufzusuchen.

Als er das Zimmer betrat und seinen Vater so sitzen sah, erschrak er zutiefst. Ganz ruhig trat er zu ihm hin und schaute ihn schweigend an. Nach einer Weile begann der Vater, seinem Sohn mit stokkenden Worten das Geschehene zu erzählen. Der Sohn verstand, warum sein Vater sich so quälte und wußte mit einem Mal, daß er bald etwas unternehmen mußte, wenn sein Vater nicht zugrunde gehen sollte. Devabrata liebte seinen Vater über alles.

Nach einer langen Pause erhob sich Devabrata und sagte mit fester Stimme: „Vater, ich verspreche dir, auf meine Thronfolge zu verzichten. Darüber hinaus werde ich nie in meinem Leben heiraten und keine Kinder haben. Vor dem Angesicht der Götter schöre ich dies."

Der Vater schaute ihn verständnislos an, als habe er die Worte nicht begriffen.

„Versteh doch, Vater, du bist frei, du kannst Durgandini heiraten." Lächelnd wollte sich Devabrata zurückziehen. Doch der Vater hielt ihn fest, und als er merkte, wie ernst es seinem Sohn mit diesem Versprechen war, umarmte er ihn liebevoll. Er spürte, wie glücklich er doch eigentlich war, eine solche Schönheit zur Frau zu bekommen und einen solch guten Sohn zu haben. Dann schaute Sentanu Devabrata lange an und sprach: „Von nun an soll dein Name Bisma sein, und mit Hilfe der Götter sollst du die Stunde deines Todes selbst bestimmen können, wie du es willst."

Den Fortgang der Geschichte kann sich jeder selbst ausmalen: das freudige Treffen am Fluß, die prächtige Hochzeit, das Glück des Paares. Durgandini schenkte zwei gesunden Söhnen das Leben. Sie wuchsen heran und waren die größte Freude ihrer Eltern. Einige Jahre vergingen in ungetrübtem Glück.

Doch eines Tages kam der älteste Sohn vom Spielen müde und mit glutheißen Wangen nach Hause. Er legte sich auf sein Bett, verweigerte Speise und Trank und starb. Vergeblich hatten sich seine Eltern um ihn bemüht. Große Trauer legte sich über die ganze königliche Familie.

Doch mit den Jahren lernte sie, sich dem Willen der Götter zu fügen. Die Gewißheit, daß der Himmel besser weiß, was dem Menschen nützt, gab Kraft und Zuversicht. Zumal mit den Jahren der jüngste Sohn zu einem stattlichen Jüngling herangewachsen war. Sentanu jedoch war in der langen Zeit ein alter Mann geworden. Er zog sich immer mehr aus den Staatsgeschäften zurück und meditierte, um sich auf seinen Tod vorzubereiten.

Voller Sorge beobachtete das alles Bisma, Sentanus ältester Sohn. Wenn sein Vater sich nicht mehr aktiv um die Thronfolge kümmern konnte, so empfand er dies nun als seine Aufgabe. Er besorgte kurzerhand seinem Halbbruder eine Prinzessin von besonderer Schönheit und großem Ansehen.

Nach der Heirat wartete der ganze Hofstaat auf Nachwuchs. Leider vergeblich. So griff Bisma noch einmal ein und holte ein neues Mädchen. Doch auch jetzt stellte sich leider kein Nachwuchs ein.

Nun verstarb auch noch Sentanu und kurz darauf dessen jüngster Sohn. Große Trauer herrschte im ganzen Land.

Bald merkten viele Adlige im Reich, daß der Thron nicht lange verwaist bleiben durfte, sollten Ruhe und Wohlergehen im Lande erhalten bleiben. Daher machte sich Durgandini, die Witwe Sentanus auf den Weg zu Bisma, und bat ihn, König zu werden. Bisma wußte, daß dieser Gang zu ihm für seine Stiefmutter sehr schwer war, hatte sie doch dafür gesorgt, daß er nicht König werden sollte. Er sagte zu ihr: „Ich kenne die Sorge um den Thron, die ich mit dir teile. Aber ich habe damals den Göttern geschworen, niemals König zu werden. Daran muß ich mich halten, so gerne ich dir auch helfen würde. Gehe zu deinem ältesten Sohn Abiyasa, meinem Stiefbruder, und bitte ihn, das Königreich zu übernehmen! Ich will in der Zwischenzeit für Ordnung sorgen."

Betrübt kehrte Durgandini heim. So traurig sie auch über den Tod der zwei geliebten Menschen war, das Reich konnte nicht auf den König warten.

Durgandini und Abiyasa

Der einzelne ordnet sich dem Gemeinwohl unter

Am nächsten Tag machte Durgandini sich mit einigen ihrer besten Diener auf den Weg zu dem Wald, in dem Abiyasa sich aufhielt. Beschwerlich war die Reise in der kleinen Kutsche, die über die steinige Straße holperte. Dann begann der Wald. Das erste Stück ließ Durgandini sich in einer Sänfte tragen. Bald wurde der Dschungel so dicht, daß die Königin sich genauso mühsam wie ihre Diener durch das Dickicht zwängen mußte. Der Schweiß tropfte ihr vor Anstrengung und Hitze von der Stirne. Ihre Kleider rissen von dem dichten Gezweig, und an ihrer zarten Haut begannen sich die Blutegel festzusaugen. Die Diener wollten umkehren, aber ihre Herrin drängte vorwärts. Endlich erreichten sie eine Lichtung und entdeckten eine kleine, mit Laub und Zweigen bedeckte Hütte. Hier mußte Abiyasa sein.

Noch nie hatte seine Mutter ihn hier besucht. So trat er auch ganz ahnungslos aus seiner Hütte, als er Menschen hörte. Verblüfft blieb er stehen. Er hatte sogleich seine Mutter erkannt. Voll Freude eilte er ihr entgegen, sie zu begrüßen. Zuerst benahm er sich, wie es die Hofetikette vorschrieb, und verbeugte sich tief. Doch darauf lagen sich Mutter und Kind in den Armen. Zu lang war die Zeit der Trennung gewesen. Dann nahm Abiyasa seine Mutter an der Hand und zog sie mit sich in seine armselige Behausung. Die Diener blieben draußen. Lange redete die Königin mit Abiyasa. Schließlich sah man sie gemeinsam aus der Hütte herauskommen. „Abiyasa wird uns zum Hofe begleiten. Er wird das Reich regieren, bis sein Nachfolger gewählt ist."

Die Diener erschraken. Diese schmutzige Gestalt mit zerzausten Haaren sollte das Reich regieren, sollte für Nachwuchs sorgen? Keiner konnte sich das genau vorstellen. Aber als sie in das entschlossene Gesicht ihrer Königin schauten, hielten sie es schon für möglich.

Der königliche Zug traf am Hofe ein, und es gab keinen, der nicht beim Ansehen dieses schmutzigen Mannes sein Gesicht verzogen hätte. Aus Furcht vor der Königin wagte jedoch niemand, etwas zu sagen. Abiyasa mußte sich einer gründlichen Wäsche unterziehen, bekam neue Kleider und eine modische Haartracht. Als er so sauber und festlich gekleidet seine Gemächer verließ, sah er schon ganz anders aus als zuvor. Dennoch war er immer noch sehr häßlich, und sein finsteres Gesicht ließ sehr wohl ahnen, daß er sich im Wald viel besser gefühlt hatte. Er bestätigte diesen Eindruck, indem er jedem versicherte, wie ungern er, wenn auch nur für eine Weile, das Amt des Königs vertretungsweise übernehmen würde.

Jetzt mußte die Königin ihre schwerste Aufgabe erfüllen. Sie mußte die beiden Witwen des verstorbenen Sohnes dazu überreden, daß sie zum Wohle des Reiches von Abiyasa ein Kind empfangen sollten. Sie hätten die Pflicht, sich diesem Gesetz zu beugen. Die beiden jungen Frauen verweigerten sich in tiefer Trauer diesem ungeheuerlichen Auftrag.

Aber schließlich gelang es der Schwiegermutter, sie von der Notwendigkeit zu überzeugen. Dabei war Durgandini so geschickt vorgegangen, daß sie ihnen den Anblick des Sohnes bisher erspart hatte. Das erste Treffen mit der ältesten Schwiegertochter fand im Dunkeln statt. Doch beim Entzünden der Kerze sah Abiyasa so häßlich aus, daß sich die junge Frau die Augen zuhielt.

Als sie dann später einen Sohn zur Welt brachte, war dieser blind. Man nannte ihn Destarasta. Die zweite Prinzessin erbleichte beim Anblick von Abiyasa und wandte ihr Gesicht von ihm ab. Später gebar sie einen Sohn, der weißhäutig war und einen steifen Hals hatte. Man nannte ihn Pandu. Noch einmal sollte es Abiyasa versuchen. Aber die Prinzessin war so schlau, daß sie Abiyasa ihre Dienerin zuführte. Diese bekam einen Sohn, der ein Krüppel war. Er hieß Vidura.

Nun war eines klar, die Nachfolge auf dem Thron war gesichert.

Abiyasa ging zurück in die Einsamkeit des Waldes, und Bisma übernahm die Verwaltung des Reiches, bis der neue König sein Amt übernehmen konnte. Als Onkel sorgte er sich um die Erziehung der Kinder und stellte voller Zufriedenheit fest, wie prächtig die drei Söhne heranwuchsen.

Destarasta entwickelte sich zu einem Jüngling von einer solchen Stärke, daß seiner Kraft kein anderer Mann gewachsen war. Pandu war der beste Bogenschütze im ganzen Lande, und der lahme Vidura vermehrte seine geistigen Fähigkeiten und wurde bald wegen seiner großen Weisheit berühmt.

Pandu wurde von Bisma als König vorgesehen, da Destarasta blind und Vidura seine körperliche Behinderung hatte und zudem auch noch von einer Sklavin abstammte. Das ganze Land bereitete sich auf das große Fest der Königskrönung vor.

König Pandu

Hab Ehrfurcht vor dem Leben

Als Pandu endlich alt genug war, bestieg er unter dem Jubel seines Volkes den Thron und wurde ein mächtiger und angesehener König, der mit großer Umsicht regierte. Eines Tages überbrachten ihm seine Boten die Nachricht, daß in einem benachbarten Königreich ein großer Wettkampf vorbereitet würde, zu dem alle jungen Männer, welche noch unverheiratet seien, geladen wären. Kunti, die Königstochter, wolle sich einen Gemahl wählen.

Nun muß man wissen, daß damals dieses Mädchen im ganzen Land wegen seiner Schönheit und edlen Gesinnung bekannt war. Viele junge Männer wären selig gewesen, es zur Frau nehmen zu können. So strömten von allen Seiten die adeligen Burschen in Scharen herbei, um sich im Wettkampf beim Bogenschießen zu messen.

Unter ihnen war auch Pandu. Als er das Mädchen erblickte, wurde sein Herz von einer solchen Liebe zu ihr ergriffen, daß er alle seine Kräfte zusammennahm, den Bogen spannte und seinen Pfeil losschickte. Der Pfeil flog und flog und traf genau ins Ziel. Die Menschenmenge, welche sich von Neugier getrieben an der Kampfstätte versammelt hatte, brach in einen einzigen Jubelschrei aus. So gut hatte noch niemand geschossen. Auf Händen trugen die Leute Pandu zur Königstochter, welche mit ihrem Vater von einem erhöhten Platz aus dem Schauspiel zugeschaut hatte.

Als Kunti Pandu aus der Nähe sah, errötete sie, so sehr war sie von ihm angetan. Sie lächelte ihm verschämt zu und reichte ihm ihre Hand zum Zeichen, daß sie diesen jungen Helden heiraten wolle. Ihr Vater nickte wohlwollend. Die Gongs ertönten mit lautem Klang und verkündeten allen, daß die Wahl getroffen und der Wettkampf beendet sei.

Da gab es urplötzlich einen großen Tumult. Laut schreiend bahnte sich ein junger Mann seinen Weg durch die Menge. Außer sich vor Wut und Entrüstung sprang er vor den König und forderte von ihm dessen Tochter.

„Mit welchem Recht stehst du hier und bringst deine ungeheure Forderung vor?" herrschte der König ihn an, „du konntest dich genau wie jeder andere im Wettstreit messen. Du bist zu spät gekommen. Es bleibt dabei!"

Wutschnaubend versuchte nun der enttäuschte Bewerber mit seinem dämonischen Zauber, Pandu zu vernichten. Aber Pandu war so sehr von Edelmut durchdrungen, daß die magischen Kräfte von ihm abprallten, zu dem Wütenden zurückkehrten und ihn zwangen, Pandu seine eigene liebreizende Schwester, Madrim, zu überlassen. Nachdem Pandu noch einige Tage am Hofe des Nachbarkönigs verbracht hatte, kehrte er mit zwei Frauen als siegreicher Held zu seinem Schloß zurück. Am Wegesrand standen die Leute, jubelten und winkten ihrem König zu. Die Begeisterung war groß, und es war keiner im Volke, der dem jungen König nicht solches Glück gegönnt und sich nicht mit ihm gefreut hätte.

Die Jahre vergingen in unendlicher Harmonie und Zufriedenheit. Eines Tages rief der König seine Diener herbei und gebot ihnen, für den nächsten Tag alles zur Jagd vorzubereiten. Seine beiden Frauen, welche in der Nähe mit Batiken beschäftigt waren, riefen wie aus einem Munde: „Wir möchten dich begleiten!"

Am nächsten Tag brach die kleine königliche Gruppe schon vor dem Morgengrauen auf. Die erfrischende Kühle des anbrechenden Tages beflügelte ihren Tatendrang. Am Horizont begannen sich schon die dunklen Wolkenbänke aufzuhellen, und in ganz kurzer Zeit schob sich strahlend rot die Sonnenscheibe hoch über den Horizont. Vom Wald her hörte man das tausendfältige Getöse des Urwaldes: Vögel und das gerade erwachte übrige Wild begrüßten den jungen Tag auf ihre Weise. Die Reiter sprangen von ihren Pferden und banden sie an den Baumstämmen fest. Vor ihnen erhob sich wie eine Wand finster und drohend der Urwald.

Pandu zwängte sich durch das dichte Gestrüpp. Es konnte ihm gar nicht schnell genug gehen. Da sah er plötzlich vor sich im Nebel einen kleinen See. An seinem Ufer paarten sich ein Hirsch und eine Hirschkuh. Schon hatte Pandu den Bogen gespannt. Mit sirrendem Zischen schoß der Pfeil los und traf ein Tier. Pandu rannte los. Mit vor Entsetzen weit geöffneten Augen starrte er dann auf einen Mann, der sich mit beiden Händen eine große, stark blutende Wunde zuhielt. Neben ihm stand weinend seine Frau.

Der Sterbende drohte ihm mit leiser werdender Stimme: „Pandu, du hast mich, einen brahmanischen Priester, der den Göttern nahe steht, getroffen. Du hast dich nicht um die Freude und das Glück anderer geschert, als du deinen Bogen spanntest, um zu töten. Büße deine Schuld. Diese Liebesfreuden werden dir künftig versagt bleiben."

Pandu stand regungslos, wie versteinert. Endlich faßten ihn seine beiden Frauen behutsam am Arm und zogen ihn von der Unglücksstelle weg. Schweigsam ritten sie nach Hause zurück. Der König ließ sich stumm auf sein Bett fallen und wollte von keinem gestört werden. Erst nach einigen Tagen erschien er mit ernstem Blick und ließ sich zu seinem blinden Bruder bringen. Die beiden hatten ein langes Gespräch miteinander.

Als Pandu heimgekehrt war, teilte er seinen Frauen mit, daß er als Asket in die Einsamkeit gehen werde, um seine Schuld zu büßen und den inneren Frieden wieder zu erlangen. Während dieser Zeit werde sein Bruder Desterasta den Thron für ihn verwalten. Die beiden Frauen weinten und baten ihn, doch zu bleiben, aber er ließ sich nicht von seinem Entschluß abbringen.

So flehten sie inständig, ihn begleiten zu dürfen. Er willigte widerstrebend ein. Am nächsten Morgen sah man eine kleine Schar Menschen schweigsam dem Walde zu gehen und darin verschwinden.

Die Pandawas

Liebe zum Gatten

Der Beginn des asketischen Lebens im Wald war schwer, besonders für die Frauen. Sie mußten selbst mit Hand anlegen bei den für sie völlig ungewohnten Arbeiten, wie dem Errichten der Hütte, Holzsammeln, Feuermachen, Kochen, Waschen und dergleichen mehr. Zwar halfen einige Diener, aber diese waren froh, wenn sie abends zum Schloß zurückkehren durften, und entsprechend unwillig arbeiteten sie auch in der Wildnis. Am schlimmsten waren die Nächte: Der Urwald dröhnte schaurig vom Geschrei der wilden Tiere, das manchmal sogar von ganz nah erscholl. Aber mit der Zeit konnten sich die drei Einsiedler daran gewöhnen.

Pandu zog sich immer mehr von Kunti und Madrim zurück. Er hatte einige hundert Meter von der Hütte entfernt auf einer kleinen Erhebung einen Platz gefunden, dessen felsiger Untergrund kaum pflanzliches Leben zuließ. Wenn er sich hier auf dem Moos niederließ, konnte er durch die Baumwipfel hindurch in der Ferne die blauen, ganz mit Regenwald überzogenen Bergketten erblicken. An diesem Ort versank er in Meditation und vergaß die Zeit.

Derweil saßen seine beiden Frauen vor der Hütte und plauderten bei der Arbeit. Oft redeten sie von den schönen Zeiten im Schloß. Dann seufzten sie manches Mal tief auf. Doch sie waren ja aus eigenem Entschluß mit Pandu hierher gezogen, und sie liebten ihn noch immer. Manchmal zeigten sie ihm ihr Verlangen nach Zärtlichkeit und Liebe. Er aber wies sie ruhig und bestimmt zurück: „Ihr wißt, was der sterbende Priester mir gesagt hat. Ich habe mein Recht auf Liebe durch eigene Schuld verwirkt und muß für meine Freveltat büßen."

Als später die beiden Frauen alleine zusammensaßen und sich nach Liebe sehnten, erinnerte sich Kunti, die ältere der beiden, an das Versprechen, welches ihr ein Gott vor langer, langer Zeit gegeben hatte: „Du wirst als Belohnung für deine guten Taten die Liebe von fünf Göttern empfangen dürfen und von ihnen fünf Söhne gebären." Sie erzählte ihrer Freundin Madrim davon und versprach ihr, dieses Glück mit ihr zu teilen.

Es dauerte nicht lange, bis der erste Gott die beiden Schönen entdeckt und bei ihnen Zugang gefunden hatte. Es folgten weitere Götter, und mit der Zeit gebaren die Frauen fünf Söhne, so wie es die Weissagung prophezeit hatte: Yudhistira, Bhima, Arjuna waren von der ersten Frau, und die Zwillinge Nakula und Sahadeva von der zweiten. Später erhielten alle diese Kinder den Familiennamen Pandawas, um ihre Beziehung zu Pandu auszudrücken.

Dieser freute sich über den Nachwuchs. Die Thronfolge war mit Hilfe der Götter nach menschlichem Ermessen gesichert, obwohl er sich an seine Askese gehalten hatte. Er spielte mit den Kindern und lehrte sie, nach dem Willen der Götter zu leben und zu erkennen, was für das Leben wesentlich und wichtig ist. Die Kinder und seine Frauen liebten ihn, weil die Kraft der Meditation immer aus ihm strahlte, er ruhig und zuversichtlich war.

An einem Spätnachmittag ergab es sich, daß er mit seiner zweiten Frau auf Holzsuche ging. Die Mittagshitze war einer kühlen Abendbrise gewichen. Die Vögel hatten ihre Lieder angestimmt, und neben ihm schritt Madrim noch immer so anmutig und leichtfüßig daher wie am ersten Tag ihrer Begegnung. Ein heftiges Verlangen nach ihr ergriff ihn, und er umarmte mit großer Leidenschaft seine geliebte Gattin. Im gleichen Augenblick sank er tot auf den Schoß seiner Frau, wie es der sterbende Priester vorhergesagt hatte.

Sie war fassungslos vor Schmerz. Erst nach langer Zeit schleppte sie den Leichnam vor die Hütte. Am nächsten Morgen fanden die Diener vom Schloß die beiden Frauen wie versteinert im Schmerz neben ihrem toten Ehemann kauern. In der Hütte weinten die Kinder. Das älteste von ihnen war gerade sechzehn Jahre alt geworden.

Pandu wurde unter großer Anteilnahme des ganzen Volkes beerdigt. Seine zweite Frau folgte ihm in den Tod. Seine erste Frau sorgte für die fünf Kinder.

Abiyasa holt seine Mutter Durgandini

Liebe zur Mutter; Bedeutung der Meditation

Wie wir wissen, hatte sich Abiyasa wieder in die Einsamkeit zurückgezogen, als er gemerkt hatte, daß seine drei Kinder ohne ihn auskommen würden.

Er fand in der Meditation seine Erfüllung und sein Glück. Gering waren dabei seine Kontakte zur Außenwelt. Um so betroffener war er, als man ihm die Kunde überbrachte, daß sein Sohn Pandu gestorben war. Er betete für ihn so lange zu den Göttern, bis er die Gewißheit hatte, daß es Pandu gut ging.

Von dieser Zeit an stiegen in Abiyasa, während er meditierte, schaurige Bilder auf, welche nichts Gutes für das Reich ahnen ließen. Wie düstere Gewitterwolken braute sich das Unheil über dem Land zusammen. Die Zukunft würde allen nur Tod und Schrecken bringen. Um sein eigenes Leben machte sich der Eremit keine Sorgen, aber der Gedanke an seine alte Mutter, welche noch immer im Palast wohnte, ließ ihn nicht mehr los. Sie würde vor ihrem Tod noch viel Schreckliches zu erleiden haben. Sollte das geschehen?

Am nächsten Tag verließ Abiyasa den Wald und machte sich auf den Weg zum Schloß, um seine Mutter zu retten. Diesmal war er es, der zu seiner Mutter kam. Diesmal wollte er ihr seine Bitte vortragen.

Dann stand er vor ihr. Beide waren alt geworden. Seine Mutter war noch immer schön, wenn auch mit weißem Haar, schön und vornehm mit dem milden Glanz von Güte im Gesicht. Ganz in Schwarz erschien sie, noch mit verweinten Augen, hatte sie doch ihren Enkel Pandu gerade erst verloren.

Voll Ehrfurcht kniete Abiyasa vor seine Mutter nieder und sprach: „Du hast in deinem Leben viel Freude, aber auch viel Leid erfahren. Wir wissen, alles, was auch immer auf Erden geschieht, geschieht mit dem Willen des Allerhöchsten. Er lenkt unsere Geschicke, wie er es will. Wenn wir das erkannt haben, sind wir bereit, aus seiner Hand zu empfangen, was immer es auch sei. Dieses Vertrauen zu unserem Gott macht uns stark und hoffnungsfroh. Es werden furchtbare Dinge über das Land kommen. Sie werden kommen, ohne daß du etwas daran ändern kannst. Mutter, du bist alt. Bereite dich lieber auf deinen Heimgang zu Gott vor, damit du würdig vor ihn treten kannst. Ich bin gekommen, um dich in die Einsamkeit zu holen. Dort wird das schwere Unheil an dir vorbeigehen, und du kannst in Frieden deinen Weg zu Gott beschreiten, der liebevoll auf dich wartet und dir allezeit zur Seite steht."

Die Mutter hatte ihren Sohn verstanden und nickte zustimmend. Am nächsten Tag schon begann sie ihre Reisevorbereitungen zu treffen, und sie machte sich mit Abiyasa und wenigen Dienern auf den Weg in die Stille. Abiyasa fand einen geeigneten Platz nicht allzu weit von seiner Hütte entfernt. Dort ließ er seine Mutter mit Gott alleine.

Hin und wieder besuchte er von nun an die alte Frau, um nach dem Rechten zu sehen. Bei jeder Begegnung erschien der Glanz auf ihrem Gesicht strahlender. Es bedurfte keiner Worte mehr zwischen den beiden.

Als Abiyasa eines Tages bei seiner Mutter erschien, teilte man ihm mit, daß sie ganz ruhig und friedlich entschlafen sei. Ihr wurde eine würdige Beerdigung zu Teil. Draußen in der geschäftigen Welt begannen die Vorzeichen für die hereinbrechende Katastrophe.

Destarata und Dewi Gendari

Liebe zum Gatten

Noch zu Pandus Lebzeiten hatte Destarasta die königliche Regierung in die Hand genommen, um seinen Bruder in der Zeit der Askese zu vertreten. Er war König, wenn er sich auch noch immer hauptsächlich als Verwalter der Hinterlassenschaft seines Bruders empfand. Er genoß den Glanz und das Ansehen des Hofes, und er regierte gerecht und eindrucksvoll. Und da er von großer und stattlicher Gestalt und außerdem so stark war, daß ihm keiner widerstehen konnte, bedauerte manches Mädchen, daß dieser Mann blind war.

So auch Dewi Gendari. Sie war die einzige Tochter des Königs von Gendara, eines großen und mächtigen Mannes. Vor langer Zeit war man übereingekommen, daß Gendari Destarasta heiraten sollte. Durch diese Heirat sollten die benachbarten Königreiche ihre Beziehungen vertiefen und einträchtig nebeneinander gedeihen.

Als der Zeitpunkt der Hochzeit näherrückte, war das Mädchen ganz verzweifelt, sollte sie doch einen blinden Mann heiraten. Bittere Tränen rannen über ihre Wangen, und sie flehte ihren Vater an, er möge diese Heirat nicht zulassen.

Der Vater war von dem Leid der Tochter selbst sehr betroffen, aber er fürchtete, daß sein Volk großen Schaden durch Destarasta erleiden müßte, wenn er das Verlöbnis der beiden jungen Leute aufheben würde. Vergeblich versuchte er, seiner Tochter klar zu machen, daß es besser sei, wenn sie alleine leiden würde, als wenn sich zwei ganze Völker durch Krieg und Zwietracht vernichteten.

Sie sah wohl ein, daß ihr Vater recht hatte, aber warum mußte ausgerechnet sie das Opferlamm sein, das ein trauriges Schicksal zu verhindern hatte?

Schließlich machte der Vater dem verzweifelten Mädchen den Vorschlag, sich doch erst einmal den zukünftigen Ehemann anzuschauen. Vielleicht könnte man danach noch einmal miteinander sprechen und weitersehen. Widerwillig nahm die Tochter den Vorschlag ihres Vaters an, sah sie doch darin die Gelegenheit, der Verbindung mit diesem schrecklichen Mann zu entkommen.

Mit viel Gepränge wurde das Mädchen nun mit seinem Vater zu König Destarasta geleitet. Aber als das Mädchen den schmucken jugendlichen Herrscher sah, ergriff sie sogleich eine tiefe Zuneigung zu diesem Mann. Ein Lächeln verklärte ihr Gesicht, und alle bemerkten, wie sehr Gendari ihm gewogen war. Am meisten freute sich der Vater über seine verliebte Tochter.

Der einzige, welcher bis jetzt von dem Zustand der vor ihm stehenden Braut im Unklaren war, war der zukünftige Bräutigam selbst. Er begann mit vorsichtiger Stimme um Gendari zu werben und näherte sich ihr mit großer Scheu. Bald merkte auch er, daß von Gendari kein Widerstand ihm gegenüber zu erwarten war.

Sie antwortete ihm freundlich und verständnisvoll, und die beiden hatten den Eindruck, als hätten sie sich schon lange gekannt. Bald kam man auch auf den Hochzeitstermin zu sprechen.

Nachdem man die Priester nach einem geeigneten Zeitpunkt gefragt hatte, begann man mit großem Eifer und allgemeiner Freude ein gewaltiges Fest vorzubereiten. Von überall her kamen ganze Wagenladungen von Geschenken herbei. Die Luft war erfüllt vom Klang der Musikkapellen, die mit ihren Gamelaninstrumenten miteinander wetteiferten. Dann endlich kam der große Tag. Es war eine Hochzeit, wie sie bisher noch nie in diesem Reich gefeiert worden war. Man aß und trank, saß beieinander, beredete mancherlei, beobachtete die Zeremonien: kurzum, alle Gäste waren viele Tage lang in froher Stimmung beisammen.

Am glücklichsten von allen war die junge Königin, welche ihren Mann von Tag zu Tag mehr liebte. Er kümmerte sich um sie, so sehr er nur konnte, und verwöhnte sie über alle Maßen mit immer wieder neuen Beweisen seiner Zuneigung. Sie aber schenkte ihm ihre ganze Liebe.

Eines Tages sagte sie zu ihrem Mann: „Ich sehe die fröhlichen Menschen, die Tiere und die Pflanzen um uns herum, während du dich an all diesen bunten Farben nicht erfreuen kannst. Ich möchte auch so blind sein wie du. Ich liebe dich mehr als alles andere und werde zum Zeichen dafür eine dunkle Binde vor den Augen tragen. Dann bin ich genau so blind wie du und dir wirklich gleich."

Destarasta versuchte mit allen Mitteln, seine Frau von ihrem Vorhaben abzubringen. Vergeblich. Sie blieb bei ihrem Entschluß und nahm fortan so an seiner Blindheit teil.

Die Geburt der Kurawas

Manchmal sprechen die Götter durch Zeichen

Einige Monate lang war das Schloß erfüllt von dem frohen Wesen dieser beiden jungen Menschen, die sich so sehr liebten. Die Zufriedenheit des Königspaares übertrug sich auf alle Menschen am Hof. Kam man als Gast, so wurde man freundlich empfangen, konnte seine Wünsche vortragen und merkte, wie sich alle im Palast Mühe gaben, im Rahmen des Möglichen zu helfen. Bald sprach es sich im ganzen Lande herum, welch segensvollen Einfluß die Königin auf ihre Umgebung hatte.

Es war früh am Morgen. Die Dienerinnen warteten wie gewöhnlich vor dem Schlafraum ihrer Herrin, um ihr bei der Morgentoilette behilflich zu sein. Ein herrlich frischer Tag war angebrochen, dem nur das Lachen und muntere Plaudern der Königin fehlte.

Da erscholl die Stimme ihrer Herrin. Aber wie sehr hatte sich ihr Klang geändert. Laut und schrill schrie die Königin ihre Dienerschaft herbei und stöhnte, wie schlecht sie geschlafen habe, und wie müde sie noch sei. Beim Ankleiden ging ihr nichts schnell genug, und sie schalt die Helferin. Die Königin nahm ihr Frühstück ein, doch plötzlich sprang sie auf und erbrach sich. Sie erbat sich Speisen, nach welchen sie vorher nie verlangt hatte, und wurden ihr diese gebracht, dann schob sie den Teller voll Ekel weit von sich und rührte kein Essen an. Sie schimpfte mit ihrem Gemahl, weinte danach, fühlte sich unglücklich und nörgelte an der Dienerschaft herum. Plötzlich hatte sich die Wesensart der Königin ins Gegenteil gekehrt, und die Diener gingen ihr aus dem Weg, so weit es eben möglich war.

Die Königin war schwanger geworden, und alle im Hause mußten mit ihr leiden. Die Monate vergingen. Es war kurz vor ihrer Entbindung. Den ganzen Tag über hatte sie gestöhnt und gejammert, als urplötzlich am Abend ein fürchterliches Gewitter losbrach. Die Blitze zuckten in Bündeln aus schwarzen Wolkentürmen und setzten viele Häuser in Brand. Die Menschen rannten schreiend nach draußen, um sich zu retten. Der ganze Himmel dröhnte von den unaufhörlich heranrollenden Donnerschlägen. Die Elefanten trompeteten wie irr im Regenwald, jagten in wilder Flucht auf die Felder und zerstampften alles, was sich ihnen in den Weg stellte. Die finsteren Wolken barsten und schütteten ihre Wasserfluten aufs Land, welches sich alsbald in einen schmutzig, brodelnden See verwandelte, der sich wie Fangarme um die tiefer gelegenen Häuser legte und sie mit sich ins Verderben riß.

Aus dem Palast hörte man die schrillen Schreie der Königin, die gerade zu dieser Zeit in den Wehen lag und ein Kind gebar. Erschöpft von der Anstrengung gewahrte die Mutter nicht, wem sie das Leben geschenkt hatte. Ein Bündel von Fleisch hatte sie geboren, welches zwar atmete und lebte, aber einem Menschen kaum ähnlich sah. Das alles hatte auch der junge Vater mitbekommen, der mit seinen Händen das Neugeborene abtastete. Ein Schreck durchfuhr ihn. Er fragte die umstehenden Diener. Sie bestätigten seinen schrecklichen Verdacht.

In seiner Angst lief der König zu seinem jüngeren Bruder Vidura, um sich bei ihm Rat zu holen. Vidura beruhigte den aufgeregten Vater: „Du bist noch im besten Mannesalter und kannst noch viele Kinder bekommen." Dann fuhr er fort: „Schau, auch ich bin als Krüppel mit lahmen Beinen geboren. Wenn ich nicht mit meinem Verstand allen anderen überlegen gewesen wäre, hätte ich lieber nicht gelebt. Hast du nicht auch daran gedacht, daß das Leiden deiner Frau und diese furchtbaren Unwetter die Stimmen der Götter waren, welche dich auf ihre Weise warnten? Ich gebe dir den guten Rat, wirf das Neugeborene in den Fluß und überlaß es den Göttern, was sie mit ihm vorhaben. Ich sage dir, dieses Kind bringt allen Menschen hier nur Unglück."

Die letzten Worte hatte der König nur schwach vernommen, und grübelnd eilte er in sein Gemach. Dort hörte er das lang gezogene Geheul eines Wolfes. Zuerst bemerkte er es nicht, dann wurde es immer lauter und war schließlich unerträglich. Er stürzte nach draußen, eilte zu dem Gebrüll, um die Sache zu erkunden. Er bemerkte, wie eine schweigende Gruppe von Menschen um etwas einen Kreis gebildet hatte.

Jemand sagte zu ihm: „Es ist das Kind, das so weint."

Destarasta erstarrte. Sollte er dem Rat Viduras folgen?

Untätig verbrachte er in schrecklicher Verzweiflung und in tiefem Schweigen seine Zeit, ohne Kontakt mit seiner Umgebung aufzunehmen.

Da drang plötzlich lautes Rufen und Lachen an sein Ohr. Jemand klopfte an die Tür. Er öffnete und sah vor sich einen fröhlichen Diener: „Kommt ganz, ganz schnell, Herr! Es ist etwas Wunderbares geschehen." Ohne zu warten eilte der Diener davon.

Destarasta folgte ihm. Dann stand er im Kinderzimmer und staunte: Vor ihm lagen 99 kleine Jungen und ein einziges Mädchen.

Die Amme erzählte atemlos, daß sich die unförmige Gestalt plötzlich geöffnet habe und aus ihr nacheinander diese kleinen, gesunden und munteren Kinder hervorgegangen seien.

Nun herrschte große Freude im Schloß über diesen reichlichen Kindersegen. Schnell hatte man die Vorzeichen des Schreckens vergessen, und Friede und Glück hielten wieder Einkehr. Den Kindern gab man den Familiennamen: Kurawas.

Sie wuchsen und gediehen prächtig, und die Eltern genossen die große Zahl ihrer Kinder, zumal sie sich um deren tägliche Bedürfnisse kaum zu kümmern brauchten und diese Arbeit getrost ihrem Dienstpersonal überlassen konnten, welches hingebungsvoll für das Wohl der Kleinen sorgte.

So verging eine glückliche Zeit, bis eines Tages der Tod Pandus sich wie ein schwerer Schatten auf das fröhliche Treiben am Hofe legte. Destarasta trauerte lange um seinen Bruder, und nur Gendari und seine Kinder erheiterten sein Gemüt. Dann kam der Tag, an dem die Witwe Pandus mit ihren fünf Pandawas vor dem Schloß stand.

Pandawas und Kurawas

Übermut tut selten gut

Ein Diener meldete die Ankunft. Destarasta sprang sogleich auf und eilte nach draußen. Voller Herzlichkeit begrüßte er Kunti mit ihren fünf Kindern: „Du bist in diesem Palast zu Hause, ich trage gemeinsam mit dir die Trauer um deinen Mann, meinen Bruder. Aber wir dürfen uns nicht ganz unserer Trauer hingeben, sondern müssen an unsere Kinder denken. Das Leben hat in ihnen einen neuen Anfang genommen, und es soll weitergehen. So komm und fühle dich hier wohl!“

Er ergriff ihre Hände und führte sie in den Schloßhof. Bis hierhin waren auch schon Gendari und die Kurawas herbeigeeilt, man begrüßte sich voll Freude, und für einen kurzen Augenblick war alle Trauer vergessen. Die Pandawas stürmten zu ihren Zimmern, fanden sie im Vergleich zur Waldhütte, in der sie bisher gelebt hatten, überwältigend schön, und die Kurawas waren ihnen neugierig gefolgt, um zu sehen, wie ihre neuen Gäste waren. Man schmiedete die kühnsten Pläne, was man alles unternehmen wollte, zeigte das Schloß und seine Umgebung und war voller Tatendrang. Die Eltern lachten über den Eifer und die Vertrautheit ihrer Kinder und waren guten Mutes. So verging die Zeit für die beiden Familien in Harmonie. Täglich kamen die Kinder zu ihren Eltern und erzählten ihnen von ihren gemeinsam erlebten Abenteuern.

Bis eines Tages zwei der Kurawas weinend nach Hause kamen und berichteten, daß Bima, der Stärkste unter den Pandawas, ihnen beim Spiel Haare ausgerissen habe. Sie hielten sich die Köpfe und jammerten kläglich vor Schmerzen. Die Eltern versuchten die beiden Kleinen zu beruhigen, ließen Bima kommen und ermahnten ihn. Bima versprach, sich zu bessern, aber am nächsten Tage kamen die Kurawas mit blutigen Knien nach Hause. Wieder war es Bima, der mit Hilfe seiner Brüder die Rauferei angezettelt hatte. Die Eltern schimpften und bestraften Bima mit dem Erfolg, daß er am nächsten Tage einigen Kurawas beim Streit die Zähne ausschlug. Besonders Bimas Mutter waren die Kämpfe ihrer Söhne peinlich, fühlte sie sich doch noch immer als Gast. Vergeblich versuchte sie, auf ihre Kinder einzureden. Aus der anfänglichen Freundschaft zwischen den beiden Vetterngruppen war immer mehr eine Feindschaft entstanden.

Duryudhana und Bima

Der Mensch denkt, Gott lenkt

Das sah auch Duryudhana, der erstgeborene der Kurawabrüder. Wenn sein Vater dem Treiben Bimas und dessen Brüder tatenlos zusah, dann mußte er die Verantwortung übernehmen und an Stelle seines Vaters handeln. Er mußte den verantwortungslosen Bima daran hindern, weiter seinen Brüdern Schaden zuzufügen. Er mußte ihn vernichten. Dabei wußte er wohl, daß die Pandawas viel stärker waren als er und daß außerdem sein Vater unter ihnen den Thronfolger auszuwählen beabsichtigte, weil sie die Nachkommen Pandus waren. Er mußte also mit größter Vorsicht zu Werke gehen, sollte er durch sein Vorgehen nicht selbst Schaden erleiden.

Viele lange Tage und Nächte hockte er für sich in seinem Zimmer und überlegte. Schließlich rieb er sich vor Schadenfreude die Hände: Er hatte wirklich einen hinterlistigen und gemeinen Plan ausgeheckt.

Als gerade seine Brüder wehklagend nach einem wieder einmal verlorenen Streit mit den Pandawas nach Hause kamen und die Pandawas anschließend ein gehöriges Maß an Schelte über sich ergehen lassen mußten, was sie allerdings sichtlich wenig beeindruckte, ging er zu seinem ratlosen Vater Destarasta und sagte: „Vater, dieser ewige Streit kann leicht vermieden werden."

Der nahezu verzweifelte Destarasta hörte begierig zu, als sein Sohn ihm eröffnete, er wolle für die Pandawas einen prachtvollen Palast am Fluß errichten lassen. So wohne man zwar nahe beisammen, könne sich aber zu jeder Zeit aus dem Weg gehen und das Streiten hätte ein Ende. Der blinde König fand den Vorschlag seines Sohnes sehr vernünftig, und als die Pandawas den Entwurf des Palastes sahen, waren sie hellauf begeistert, hatte doch der bedeutendste Architekt des Landes ihn gezeichnet. Man ging unverzüglich an die Arbeit, und die Vettern standen zum ersten Mal seit langer Zeit wieder einträchtig beieinander und erfreuten sich an dem herrlichen Bau, der langsam vor ihren Augen entstand. Zwar merkten die Kurawas bald, daß der neue Palast viel schöner war als der alte, in dem sie wohnten, aber Duryudhana befahl ihnen zu schweigen und ihm zu vertrauen.

Als das Gebäude fertig war, priesen alle, die es sahen, seine vollendete Schönheit. Der Tag der Einweihung rückte näher. Die Vettern saßen einvernehmlich in großer Freude zusammen und nahmen ein reichliches Mahl ein, welches die besten Köche des Landes kreiert hatten. Die Musik spielte dazu. Von nah und fern waren die Freunde des Königs herbeigekommen, um die schöne Architektur des Schlosses zu bestaunen oder um nur froh miteinander plaudern zu können. Den Abschluß der Festtafel bildeten die leckeren Süßspeisen, die, mit viel Phantasie zusammengestellt, dem Auge und dem Gaumen größten Genuß verhießen.

Eine besondere Schüssel war mit Köstlichkeiten für Bima vorbereitet. Jeder wußte, daß Bima sehr viel mehr aß, als alle anderen Anwesenden. So lobte man die Fürsorge des Gastgebers, und keiner dachte etwas Arges. Keiner bemerkte auch das haßerfüllte Lauern des Duryudhana, welcher Bima genau beobachtete, weil er die Süßspeisen für Bima heimlich mit schnell wirkendem Gift präpariert hatte. Bima aß mit Genuß, ohne irgend etwas zu spüren. Als dann nach Beendigung des Mahles die ganze Gesellschaft aufbrach, um sich in den Parkanlagen am Fluß zu vergnügen, ging Bima lachend und scherzend mit.

Duryudhana bekam einen Schrecken. Sollte das Gift nicht wirken? Waren seine ganzen Vorbereitungen für den Mord an Bima umsonst? Hatte jemand etwas bemerkt? Er begann vor Angst zu schwitzen. Aber er hatte doch niemandem etwas von seinem Plan erzählt.

Erleichtert stellte er fest, wie Bima plötzlich anfing zu gähnen, laut verkündete, er sei vom vielen Essen müde geworden, und sich am Flußufer zum Ruhen niederließ. Nichtsahnend ging die Gesellschaft mit Duryudhana weiter, um Bima nicht zu stören. Jetzt fiel Duryudhana ein, daß Bima so stark war, daß das Gift nur langsam seine Wirkung entfalten konnte. Nach einer Weile kehrte er heimlich zu Bima zurück, um nach ihm zu schauen. Bima lag regungslos im Grase, atmete aber noch. Schnell riß Duryudhana einige Zweige von den Bäumen, umwickelte Bima damit und warf ihn in den Fluß. Dann rannte er unbemerkt davon. Bima hatte von allem nichts mitbekommen und war von dem Gift betäubt tief ins Wasser hinabgesunken. Er wurde plötzlich durch einen heftigen Schmerz geweckt, fand sich unter Wasser wieder und schüttelte ein paar giftige Schlangen ab, welche sich an ihm verbissen hatten. Mit schnellen Zügen schwamm er zum Ufer zurück und rannte hinter seinen Brüdern her.

Sie hatten ihn schon vermißt, warteten auf ihn und waren froh, ihn so munter herantraben zu sehen. Außer Atem erzählte er seine wirre Geschichte.

Die Mutter war währenddessen hinzugetreten und wußte Rat: „Wir gehen zu Vidura, er wird das ganze erklären können.“

Schnell eilte man zu Vidura. Dieser erfaßte gleich den Sachverhalt und sprach sehr ernst: „Bima, jemand hat dich vergiften wollen. Du wärest im Wasser gestorben, wenn die Schlangen dich nicht mit ihrem Gegengift versorgt hätten. Danke den Göttern, daß du noch lebst, und nimm dich vor den Kurawas in acht."

Betroffen hatte die Familie zugehört, und man beschloß, keinem mehr zu vertrauen und auch keinem von diesem Ereignis zu erzählen. Man gesellte sich unbefangen zu den anderen und tat so, als ob nichts geschehen wäre.

Duryudhana wollte seinen Augen nicht trauen, als er alle Pandawas so friedlich daherkommen sah. Er erstarrte vor Angst. Aber die Vettern sprachen wie immer mit ihm, und so konnte Duryudhana wenigstens annehmen, daß niemand seine scheußliche Tat bemerkt hatte, wenn er sich natürlich andererseits auch maßlos darüber ärgerte, daß seine Anstrengung umsonst gewesen war. Die Pandawas lebten voll Vergnügen in ihrer neuen Umgebung. Auch der blinde König war zufrieden, weil er annahm, daß jetzt aller Streit ein Ende habe. Doch der Friede war wirklich nur von sehr kurzer Dauer.

Eines Tages schleppten die Diener einige der Kurawas herbei, die aus vielen Wunden blutend und mit gebrochenen Gliedern berichteten, sie wären auf die Obstbäume geklettert, um Früchte zu pflükken. Da seien die Pandawas gekommen und hätten solange an den Obstbäumen geschüttelt, bis sie heruntergefallen seien.

Die Vettern unter der Zucht von Drona

Strenge allein übertüncht bei der Erziehung nur die Schwierigkeiten und beseitigt sie nicht auf Dauer

Nun war das Maß der Untaten endlich voll und die Geduld Destarastas erschöpft. Er ließ alle Vettern zu sich kommen und teilte ihnen mit, daß sie am folgenden Tag zu dem berühmten Brahmanenlehrer Drona in die Lehre gehen müßten. Dieser würde sie in strenge Zucht nehmen und ihnen beibringen, ihre Kräfte richtig einzusetzen. Vergeblich bettelten die Vettern, daß der Befehl rückgängig gemacht werden sollte. Destarasta wußte nur zu gut, daß er ihr gefährliches Treiben nicht länger dulden konnte, wenn er größeres Unglück fernhalten wollte.

So machten sie sich schon am nächsten Tage in Begleitung des Königs mit langen Gesichtern auf den Weg zu Drona. Als sie vor ihm standen, wagten sie kaum aufzuschauen, so gewaltig stand er vor ihnen, und der Ton seiner Stimme sagte ihnen, wer hier der mächtigere war und zu befehlen hatte. Kleinlaut verzogen sie sich in Dronas Haus, während Destarasta noch eine Weile mit ihm sprach und sich dann verabschiedete. Für die Pandawas und Kurawas begann nun eine harte Lehrzeit, in der sie keine Gelegenheit mehr für ihre internen Zwistigkeiten hatten.

Am Königshof vermißten die Eltern ihre Kinder sehr. Es war auf einmal so still, und keines der Kinder kam, um Zärtlichkeiten auszutauschen. Aber der Gedanke, daß die Kinder in der richtigen Umgebung aufwuchsen, stärkte die Eltern und gab ihnen Kraft, bei ihrem einmal gefällten Entschluß zu bleiben.

Duryudhana im heiligen Bad

Äussere Sicherheit gewährt nur unvollkommen Schutz

Die Pandawas und auch die Kurawas machten beim Erlernen der Kampfkunst große Fortschritte. Sie übten unermüdlich jeden Tag Stunde um Stunde. Duryudhana merkte als erster von den Schülern, daß die Pandawas unter dem selben Lehrer leichter lernten als die Kurawas. Er strengte sich an, so weit es in seinen Kräften stand, und schloß spezielle Übungen nur für sich allein an den allgemeinen Unterricht an. Drona blickte auf die Anstrengungen des ältesten Kurawa mit großem Wohlgefallen. Doch auch er bemerkte, daß trotz des großen Fleißes von Duryudhana der Unterschied zwischen ihm und den Pandawas sich mit der Zeit noch vergrößerte. Eines Abends, es war schon dunkel geworden, stand er bei Duryudhana und schaute zu, wie dieser mit letzten Kräften sein Übungsprogramm absolvierte. Der Schweiß rann dem jungen Mann in Bächen vom Körper, sein Atem keuchte vor Anstrengung, und seine Arme zitterten.

„Übertreibe deine Übungen nicht, sonst erreichst du genau das Gegenteil von dem, was du willst", meinte Drona. Die Wirkung dieser Worte überraschte ihn völlig. Verzweifelt stürzte sich der Kurawa vor ihm auf den Boden und flehte ihn an, doch zu helfen.

„Unsere Eltern haben dich als alleinigen Lehrer erwählt, damit wir uns alle gleichmäßig entwickeln können und in unseren Fertigkeiten einander ähnlich sind. Aber jetzt geschieht genau das Gegenteil. Die Pandawas werden noch kampfesstärker als wir. Kommt es zum Kampf, dann werden sie uns besiegen, wir werden uns dafür rächen, und der alte Streit geht weiter, solange wir leben."

Drona wußte nur zu gut, daß Duryudhana recht hatte. Er überlegte eine Weile, dann sagte er zu seinem Schüler: „Komm morgen abend zu mir, vielleicht kann ich dir helfen."

Duryudhana wußte, daß er jetzt nicht weiter fragen durfte und ging. Am nächsten Tag ließ er sich bei keinem der anderen etwas anmerken und suchte Drona auf. Dieser erklärte ihm: „Ich weiß eine Stelle im Fluß, an der die Götter bei Vollmond baden. Wenn du dorthin gehst, wartest, bis der Mond gerade verschwunden ist, und dich mit dem Wasser wäschst, wird deine Haut unverletzlich sein und kein Gegner wird dich je töten können. Du darfst dich aber erst dann mit dem Wasser benetzen, wenn die Götter wirklich in der Dunkelheit entschwunden sind, sonst werden sie dich bestrafen."

Duryudhana bedankte sich und eilte zurück. Er beobachtete nun heimlich jede Nacht den Himmel und verfolgte den Lauf des Mondes.

Endlich war es soweit: Vollmond. Heimlich schlich er sich mit klopfenden Herzen von dannen. Keiner hatte ihn auf seinem nächtlichen Gang bemerkt. Bald war der Wald erreicht, den Drona ihm beschrieben hatte. Unheimlich war es hier. Die wilden Tiere fauchten und schrien. Er erinnerte sich an die Worte seiner Mutter, die er sich schon als Kind eingeprägt hatte: „Wage dich nie alleine in den Urwald, besonders nicht bei Nacht. Die Geister werden dich holen!" Doch er ging unbeirrt weiter. Zum Glück schien noch immer der Mond und zeigte ihm den Weg. Dann blieb er stehen. Der Mond stand hell am Himmel. Er lauschte in die Nacht. Waren da nicht Stimmen? Er versteckte sich hinter einem Busch. Endlich war der

Mond verschwunden. Vorsichtig schlich Duryudhana bis zum Wasser. Erleichtert stellt er fest: Die Götter waren weg. Nun entkleidete er sich schnell und schöpfte am Ufer stehend mit seinen hohlen Händen das Wasser. Er spürte, wie es kühl über seinen ganzen Körper rann. Dann zog er sich wieder an und verschwand. Als er sich, bevor er zu Bett ging, auszog, bemerkte er ein Laubblatt, welches unterhalb der Hüfte auf seiner Haut klebte. Vorsichtig zog er es ab. Die Haut war an dieser Stelle ganz rot. Ob es schon dort war, als er sich mit Wasser überspült hatte. Die Möglichkeit bestand, wie er mit Schrecken feststellte. Aber wer sollte ihn durch diese kleine verborgene Stelle hindurch töten können? So legte er sich zufrieden und beruhigt auf sein Lager und schlief ein.

Das Turnier

Erziehung, welche den Menschen nur Fertigkeiten vermittelt, hat ihr Ziel verfehlt

Die Jahre gingen dahin. Von Zeit zu Zeit besuchten die Eltern ihre Kinder bei Drona und vernahmen voll Freude, welche Fortschritte sie gemacht hatten. Drona war hoch zufrieden, besonders mit den Pandawas, die sich überaus eifrig ihrem Studium hingaben. Dronas Lieblingsschüler war Arjuna. Er beherrschte alle Waffentechniken, und seine Lernbegierigkeit war grenzenlos. Das Schönste für die Eltern aber war, daß sich Drona nie über irgendwelche Zwistigkeiten zwischen seinen Schülern beklagen mußte. So fuhren die Eltern jedesmal sehr zufrieden über ihre damalige Entscheidung nach Hause und ertrugen gerne ihre zeitweilige Trennung von den Kindern.

Dann sprengte eines Tages ein Bote mit schnaubenden Roß vor den Palast. Man rief den König herbei, und alle waren gespannt, was dieser Mann wohl zu berichten habe. An seiner Tracht erkannte man das Wappen des Drona. Es mußte etwas Bedeutsames vorgefallen sein. Mit wichtiger Miene zog der Bote ein großes versiegeltes Schreiben aus seiner Tasche und übergab es feierlich dem König. Der König reichte es an seinem Herold weiter, und dieser verkündete mit lauter Stimme, daß Drona ein großes Turnier ausrichten wolle. Dort sollten die Pandawas und Kurawas ihre von ihm erlernten Künste zeigen. Voller Stolz über seine erzielten Erziehungsergebnisse bat Drona den König um Erlaubnis, das Turnier ausrichten zu dürfen.

Als der Brief beendet war, strahlte der König vor Freude und mit ihm alle, die zugehört hatten. Er wies den Boten an, seine sofortige Antwort Drona zu überbringen, und diktierte seinem Schreiber die so gern gewährte Zustimmung.

Nun begann die Vorbereitung des Turniers. Es sollte das größte und prächtigste werden, das man je gesehen hatte. Drona ließ große Tribünen für die Zuschauer mit Ehrenplätzen für die königliche Familie bauen. Ein weiter Platz wurde als Arena hergerichtet. Viele kleine Verkaufsstände mit Sitzplätzen davor sollten für das leibliche Wohl der Gäste sorgen. Überall ragten hohe Fahnenmasten empor. Pavillons für die Gamelanorchester entstanden, und dann kam der große Tag.

Von überall, auch von weit her strömten die festlich gekleideten Gäste herbei. Es war ein Rufen und Lachen von der kaum übersehbaren Menschenmenge. Man begrüßte sich und schwatzte und war voller Erwartung.

Die Gongs der Gamelanorchester ertönten. In die Arena schritt hocherhobenen Hauptes in dem langen Gewand der Brahmanenpriester Drona als Gastgeber. Die Besucher erhoben sich von den Plätzen und jubelten ihm zu. Drona winkte der Menge voll Stolz und Freude zu. Er schritt zur Loge des Königs, verneigte sich tief zum Zeichen seiner Ehrerbietung und begrüßte unter den Bravorufen der Zuschauer den König.

Danach hob er die Arme hoch in die Luft, und unter dem Beifall der Besucher stürmten die Pandawas und Kurawas in die Arena, um sich vorzustellen. Das Programm hatte begonnen. Die Schüler des Drona zeigten vollendete Kriegskunst. Wogen des Beifalls begleiteten ihre Schau, und alle gestanden freudigen Herzens, daß sie noch nie in ihrem Leben ein Schauspiel von solcher Vollendung gesehen hatten. Eine Attraktion jagte die andere.

Endlich kündigte der Sprecher den Keulenkampf zwischen Bima und Duryudhana an. Wie zwei große Kriegshelden, mächtig und stark, betraten sie die Arena. Der Kampf begann. Die Funken stoben von den Schlägen der Keulen. Man bewunderte die Kraft, mit welcher die beiden Kämpen ihre Keulen schwangen, und die Behendigkeit, mit welcher sie den Schlägen auswichen. Die Schnelligkeit der Bewegung nahm zu. Die beiden Helden schlugen mit hochroten Köpfen immer heftiger aufeinander ein. Drona bemerkte es zuerst. Das war kein Spiel mehr. Hier war ein blutig ernster Kampf entbrannt, bei dem es um Leben und Tod ging. Der alte Vetternzwist war wieder aufgeflammt, und das an einem Tag, an dem Drona seine ganze Erziehungskunst zur Schau stellen wollte.

Ohne zu zögern sprang Drona zwischen die beiden Kämpfer und trennte sie voneinander. Dann verkündete er mit lauter Stimme ein Unentschieden. Die Leute klatschten, und Drona hatte gerade noch sein Gesicht wahren können.

Nun kam die nächste Attraktion, auf die schon alle die ganze Zeit gewartet hatten. Überall im Lande hatten sich die Leute schon die unglaublichsten Geschichten über die Heldentaten und Waffenkünste des Lieblingsschülers von Drona erzählt.

Arjuna schritt auf den Platz. Das allgemeine Volksgemurmel verstummte plötzlich. Jeder wollte die Künste Arjunas sehen. Und wahrhaftig, was Arjuna vorführte, war in der Tat unerhört: Feuer blitzte, Wasser spritzte vom Boden, an allen möglichen Stellen tauchte Arjuna plötzlich auf: mal in riesiger Gestalt, das andere Mal klein wie ein Zwerg. Mit seinem Bogen traf er auf große Entfernung alles, auf das er zielte. Wahrhaftig, dieser Arjuna beherrschte zusätzlich noch die Kräfte der Magie. Ein Orkan von Beifall brandete auf, und der Jubel wollte kein Ende nehmen. Mit jedem Kunststück schwoll auch der Stolz Dronas; denn jedermann wußte, daß Arjuna diese schier unbegreiflichen Fähigkeiten nur von ihm hatte.

Schon näherte sich die Sonne dem Horizont, und die ersten Lüfte fächelten den erhitzten Gemütern Kühlung zu. Da erschien begleitet vom lauten Blasen der Muschelhörner Karna, der Göttersohn. Er war durch eine jungfräuliche Geburt aus Kunti hervorgegangen, ehe sie die Pandawas zur Welt gebracht hatte. Seine Rüstung erstrahlte goldgelb in der Abendsonne. Trotz der langen Trennung hatte seine Mutter ihn sogleich wiedererkannt. Was ein herrlicher junger Mann stand da zu ihren Füßen. Was er wohl wollte?

Die gleiche Frage regte sich in allen ringsum, und mit einem Mal trat Stille ein. Da schallten die Tribünen plötzlich von der gewaltigen Stimme Karnas wieder: „Ich, Karna, der Sohn eines Gottes, fordere dich, Arjuna, zum Zweikampf!"

Lähmendes Entsetzen. Jeder war sich bewußt: Dies war Kampf und kein Spiel mehr. Die Mutter der Pandawas erbleichte, waren doch beide ihre Söhne, welche sich anschickten, aufeinander loszugehen. Sie betete zu den Göttern um Hilfe.

Da erhob sich Arjuna und rief: „Gerne will ich mit dir kämpfen. Aber sag, bist du ein König oder Königssohn, der meines Kampfes würdig ist?" Stille. Gedämpftes Gemurmel von überall. Arjuna fuhr fort: „Ich höre gerade, du bist der Sohn einfacher Leute, ein Wagenlenker hat dich erzogen. Wie kannst du mich zum Kampfe fordern? Die Peitsche werde ich dich schmecken lassen. Gegen niedriges Gesindel kämpfe ich nicht." Die Leute ringsum erstarrten wegen dieser Worte. Dann erhob sich ein Geraune, welches schnell zu einem Gebrüll anschwoll.

Bei diesem Durcheinander erhob sich Duryudhana. Seine Stunde war jetzt gekommen. „Hört", rief er, „ich mache Karna zum König meines Vasallenreiches. Jetzt gleich soll die Königskrönung beginnen."

Die Diener rannten herbei, stellten inmitten der Arena einen Königsstuhl auf, schleppten einen Baldachin herbei und trafen die Vorbereitungen für eine in aller Hast vollzogene Königskrönung. Duryudhana setzte Karna auf den Thron und erhob den mächtigen Streiter vor aller Augen zum König. Das Volk klatschte laut Beifall und harrte der Dinge.

Die Mutter erbebte vor Angst. Aber der Himmel hatte mit der Verzweifelten ein Einsehen. Die Sonne, welche schon länger das Herannahen der Nacht angekündigt hatte, verschwand langsam als rote Scheibe hinter dem Horizont. In wenigen Minuten war es so dunkel geworden, daß allen Beteiligten nichts anderes mehr übrig blieb, als durch die Nacht nach Haus zu stolpern.

Karna verneigte sich in Dankbarkeit vor Duryudhana und versprach, ihm allezeit in jeder Lage beizustehen. Duryudhana hatte durch diesen Schachzug unerwartet einen Verbündeten gewonnen, der ihn schier unüberwindbar machte. Von nun an brauchte er die

Überlegenheit der Pandawas nicht mehr zu fürchten. Auf Seiten der Pandawas freute sich die Mutter, daß sie keinen ihrer Söhne verlieren mußte. Außer Karna, Duruydhana und Kunti gingen alle aber doch enttäuscht wegen des so unrühmlich beendeten Turniers schweigend heim.

Drona und Drupada

Von der Macht der Familienbande.
Lasse dem Gegner sein Gesicht!

Am nächsten Tag hielt Drona vor den vor ihm versammelten Pandawas und Kurawas eine Ansprache, in der er seinem ganzen Ärger Luft machte. Die Vettern standen mit gesenkten Köpfen vor ihm und blieben eine gebührende Antwort schuldig. Sie wußten, wie sehr sie Drona durch ihr Verhalten beim Turnier enttäuscht hatten und wie sehr sich Drona ihretwegen schämen mußte.

So waren sie schließlich froh, daß Drona von ihnen als Entschädigung den König Drupada aus einem Nachbarreiche forderte. Drona wollte ihn lebend vor sich sehen.

Die Kurawas und Karna zogen hastig mit einer Truppe Soldaten los, um Drupada zu besiegen und sich dadurch besonders hervorzutun. Die Pandawas nahmen sich mehr Zeit und bereiteten sich sorgfältig auf den Kampf vor.

Drupada hatte von dem beabsichtigten Kriegszug Meldung erhalten, kam den Kurawas mit seinen tapferen Soldaten entgegen und schlug sie in die Flucht. Da blieb den Kurawas nichts anderes übrig, als die Pandawas um Beistand anzuflehen. Die Pandawas besiegten unter Führung von Arjuna Drupadas Heer und brachten ihn zu Drona.

Dieser sprach: „In unserer Jugend waren wir Freunde und haben uns versprochen, unseren Besitz zu teilen. Jetzt gehört mir mit Hilfe meiner Schüler alles, was du besitzt. Ich gebe dir eine Hälfte deines Reiches zurück, damit du siehst, wie großmütig ich bin."

Drupada fühlte sich trotz des Großmutes seines ehemaligen Freundes gedemütigt und kehrte mit haßerfülltem Herzen heim in sein halbiertes Reich. Er betete dort zu den Göttern, sie möchten ihm einen Sohn schenken, welcher später Drona töten könnte, und eine Tochter, um diese mit Arjuna zu verheiraten, welcher der Sohn seines verstorbenen Freundes Pandu war und dessen Ritterlichkeit und Stärke er im Kampfe so sehr bewundert hatte.

Wieder zu Hause

Eifersucht und Missgunst zerstören alles Gute

Nachdem Drona nun ein halbes Königreich von den Pandawas und Kurawas erhalten hatte, war sein Ärger einem Wohlwollen gewichen, und er verabschiedete die Vettern mit den besten Wünschen für ihr weiteres Leben. Die Vettern zogen nach Hause zu ihren Palästen und genossen es, wieder bei ihren Eltern, Bekannten und Freunden zu sein. Zudem lockte ihre Schlafkammer, die mit keiner anderen in der Welt zu vergleichen war. Ihre prachtvollen Paläste waren weiträumig, und bei großer Hitze verschaffte ein Bad im Fluß ihnen Kühlung. In ihrer Wiedersehensfreude vergaßen sie für eine Weile allen Zwist und Streit untereinander und genossen ihr Leben in der Heimat. Auch ihre Eltern waren froh, die Söhne wieder im Haus zu haben.

König Destarasta schickte eines Tages seine Diener zu seinen Kindern und Neffen und ließ sie am nächsten Tage in seinen Thronsaal rufen. Was war geschehen? Die Vettern waren ganz unruhig vor Neugierde. Sie stellten die wildesten Vermutungen an. Sehr pünktlich fanden sie sich beim König ein. Als sie in den Festsaal traten, war er bereits mit Ehrengästen gefüllt. Diese erhoben sich bei ihrem Eintritt von den Plätzen, und ein Herold geleitete sie feierlich an allen Leuten vorbei ganz nach vorne, wo ihre Sessel bereitstanden. Die Vettern waren völlig verblüfft und wußten nicht, wie ihnen geschah. Doch ehe sie neugierige Fragen stellen konnten, kündigte der Herold den König an.

König Destarasta betrat mit seinem Gefolge den Saal und begab sich zu seinem Thron. Alle Gäste im Saal hatten sich ihm zu Ehren erhoben und lauschten begierig, als der König zu sprechen begann:

„Hiermit gebe ich allen, die hier versammelt sind, kund und zu wissen: Ich habe die Mitte meines Lebensalters bereits überschritten. Deshalb bestimme ich hiermit meinen Neffen Yudhistira zum Erben meines Thrones. Er ist der Sohn Pandus und tüchtig und weise. Er wird das Reich gerecht und mit großer Umsicht regieren, wenn ich nicht mehr König bin." Alle Gäste waren Zeugen der Worte des Königs und gaben Zeichen der Freude und des Einverständnisses. Nur die Kurawas erbleichten. Der Thronerbe war in aller Öffentlichkeit von ihrem Vater bestimmt worden, und deshalb verbissen sie ihren Ärger darüber und ließen sich nichts anmerken.

Yudhistira war nun der Held des Tages. Die Leute kamen zu ihm und gratulierten ihm, als sei er jetzt schon König geworden. Die zukünftigen Aufgaben als König bestimmten fortan immer mehr das Leben des ältesten der Pandawas. Zu vielen Staatsangelegenheiten schickte der noch regierende König seinen Neffen, und Yudhistira wuchs langsam immer mehr in die Rolle eines Königs hinein. Verletzte eine feindliche Soldatenhorde die Grenzen des Reiches, stellte er mit Hilfe seiner Brüder wieder Ruhe und Sicherheit her. Gab es einen Streitfall, dann sprach er ein gerechtes Urteil. Brach eine Armut durch Mißernten aus, dann verteilte er Lebensmittel an die Hungernden. Die Folge war, daß sein Ansehen und seine Macht im ganzen Land unaufhaltsam wuchsen.

Diese Entwicklung verfolgten die Kurawas mit großem Neid. Wenn das so weiterginge, würde keiner mehr von ihnen sprechen, und irgendwann würde mit Sicherheit ihr eigener Vater seiner Königswürde beraubt werden. Sie schilderten Destarasta in düsteren Farben die Zukunft, wenn die Pandawas weiter ihren Einfluß vermehren würden. Als einzigen Ausweg aus dieser verzweifelten Lage schlugen sie die Vernichtung der Pandawas vor.

„Vor kurzem noch habe ich Yudhistira öffentlich zu meinem Nachfolger bestimmt, und nun soll ich ihn töten lassen! Nein! Niemals!" brauste Destarasta auf.

Duryudhana beschwichtigte seinen Vater, erzeugte mit listigen Worten bei ihm Mißtrauen und Angst und stärkte gleichzeitig das Verantwortungsgefühl für sein Volk.

Dann fuhr er fort: „Wenn du Frieden und Ruhe für dein Land willst, mußt du deine Neffen opfern. Jetzt, nach diesem Fest zu

Yudhistiras Ehren, ist der richtige Zeitpunkt gekommen, die Pandawas zu vernichten und damit dein Reich zu retten. Keiner wird dich mit dem Mord in Verbindung bringen."

Nur zögernd willigte der durch Duryudhanas Argumente bedrängte Vater ein und überließ seinem Sohn die Verantwortung z weiterem Handeln.

Die Pandawas beim Shivafest

Einigkeit macht stark, solange man auf Gott vertraut

Duryudhana hörte von durchreisenden Gästen, daß in einer berühmten Stadt eines Nachbarstaats ein großes Fest zu Ehren des Gottes Shiva gefeiert werden sollte. Von überall waren Besucher angemeldet, welche die farbigen Prozessionen, die Tänze, Spiele und Gesänge zu diesem Anlaß sehen wollten. Die ganze Stadt sei für dieses Ereignis herausgeputzt worden, und die Festlichkeiten sollten sich über ein volles Jahr erstrecken.

Duryudhana bewirtete die Gäste aufs beste und bat sie, auch den Pandawas von dem Fest zu berichten. Nichts war leichter als das. Die Pandawas hörten die wundervollen Berichte und wurden sogleich von dem Wunsch erfaßt, unbedingt dabeisein zu müssen. Man könnte sich dort vergnügen und außerdem alle bedeutenden Männer der Welt kennenlernen, was wiederum das Ansehen im eigenen Reiche steigern würde. Dieses Fest war das Tagesgespräch am Hof.

Es fiel den Pandawas dabei nur auf, daß die Kurawas, welche doch sonst immer zuerst das Sagen haben wollten, sich ganz im Hintergrund hielten und sogar ihre Vettern dazu ermunterten, dorthin zu reisen. Besonders Yudhistira, welcher die Kurawas aus eigener Erfahrung besser als alle anderen kannte, hatte einen schrecklichen Verdacht.

Dieser Verdacht erhärtete sich, als eines Tages sein Onkel Vidura ihm heimlich die Nachricht zukommen ließ, daß er von seinem Bruder über Mordabsichten erfahren habe. Er riet, wachsam zu sein und alle Vorkehrungen zu treffen, um den Plan zu vereiteln. Zunächst solle man sich aber nichts anmerken lassen.

Die kommende Zeit war für die Pandawas ganz mit Reisevorbereitungen ausgefüllt. Viele Gespanne wurden mit Geschenken, Proviant und Zelten beladen. Man suchte sich verläßliche Männer als Reisebegleiter aus, die Pferd und Wagen einer gründlichen Prüfung unterzogen, denn die Reise war weit und würde lange dauern.

Duryudhana half in besonderen Maße bei den Regierungsgeschäften der Pandawas, vertrat immer mehr Yudhistira bei seinen Amtshandlungen und war seinen Untergebenen gegenüber überaus großzügig mit Geschenken. Er verstand es, durch seine Freundlichkeit viele Herzen zu gewinnen und die Gunst des Volkes immer mehr auf seine Seite zu bringen.

All das blieb den Pandawas nicht verborgen, und sie waren unschlüssig, ob sie unter diesen Umständen überhaupt die Reise antreten sollten. So trafen sie sich heimlich mit dem weisen Onkel Vidura und fragten ihn um Rat. Er meinte: „Wenn euch die Kurawas ermorden wollen, werden sie immer eine Gelegenheit dazu finden. Es ist besser für euch, wenn der Mordversuch im Ausland geschieht, weil dort weniger Menschen daran beteiligt sind und das Land nicht in Aufruhr gerät. Seid aber sehr vorsichtig und bleibt immer zusammen. Dann seid ihr unüberwindbar. Ich gebe euch ferner meinen Vertrauten mit, einen sehr klugen und tüchtigen Mann. Hört auf dessen Rat."

So traten sie dann mit etwas zwiespältigen Gefühlen ihre große Reise an, nachdem sie sich in aller Form von ihren Verwandten und Freunden verabschiedet hatten. Nur ihre Mutter Kunti begleitete sie. Unter dem Gefolge befand sich der Vertraute Viduras.

Die Reise dauerte lange und war sehr anstrengend. Immer wieder mußten Wasserlöcher auf den Wegen umfahren, stecken gebliebene Wagen angeschoben, Wasservorräte ergänzt und frischer Proviant besorgt werden. Die Wege waren staubig, und den ganzen Tag brannte die Sonne unbarmherzig vom Himmel. Die ungefederten Wagen gaben jeden Stoß von der steinigen Straße in voller Härte an die Insassen ab, welche bald unter lähmenden Kreuzschmerzen litten und froh waren, wenn sie sich bei einer kurzen Rast die Beine vertreten konnten. Dann aber mußten sie sich vor dem wilden Getier in acht nehmen, welches überall frei umherschweifte. Obwohl die Reisenden große Hitze gewohnt waren, litten sie doch unter dem

Schweiß und Schmutz, der wie zäher Leim an ihren Körpern klebte.

So waren sie froh, als sie endlich ihr Ziel vor sich liegen sahen. Dunkel und majestätisch erhoben sich die Tempeltürme der Stadt vor dem Horizont. Auf der Straße wimmelte es von Händlern, welche laut ihre Waren anpriesen.

Auf einmal erblickten sie einen Reitertrupp, der ihnen entgegenkam und sich rasch näherte. Die Männer machten vor ihnen Halt und salutierten. Wie erstaunt waren die Reisenden, als sie in dem Anführer der Reiterschar den Berater und Architekten der Kurawas erkannten. Er teilte ihnen mit, daß die Kurawas ihn geschickt hätten, um einen angenehmen Aufenthalt für sie vorzubereiten. Er habe ihren Besuch schon beim Bürgermeister der Stadt angekündigt und sei gerade dabei, für sie einen leichten Sommerpalast zu bauen, in dem sie bald wohnen könnten.

Die Pandawas waren über solche Worte sehr verwundert, waren sie doch von Seiten der Kurawas noch nie mit so viel Freundlichkeit bedacht worden. Natürlich mußten sie besondere Vorsicht walten lassen, freuten sich aber andererseits erst einmal darauf, sich bald ausruhen und erfrischen zu dürfen.

Die Wagen rumpelten jetzt durch die schmalen Straßen der Stadt. Die wunderbaren Berichte der Reisenden waren wirklich nicht übertrieben. Die Häuser strahlten im Blumenschmuck. Überall wehten bunte Fahnen im Winde. Die Straßen und Wege glänzten vor Sauberkeit, und Arbeiter hatten alle schadhaften Stellen ausgebessert.

Vor einem stattlichen Haus hielt man an. „Hier könnt ihr die ersten Wochen wohnen, nehmt damit vorlieb, bis ihr in den neuen Palast einziehen könnt." Damit verabschiedete sich der Architekt und versprach, am nächsten Tag wieder vorbeizukommen, um sie zum Bürgermeister zu begleiten. „Wenn wir schon zu einer Audienz am morgigen Tage eingeladen sind, werden wir wohl in dieser Nacht unbehelligt bleiben. So dumm sind die Kurawas auch nicht", dachte Yudhistira und betrat wohlgemut als erster das Haus.

Eine angenehme Kühle in weiten, großzügig ausgestatteten Räumen empfing sie. Die Dienerschaft stand freundlich und hilfsbereit den Herrschaften zur Seite, bereitete Bäder und ein fürstliches

Abendessen. Dann aber ließ man sich todmüde zum Schlafen nieder. Endlich Ruhe!

Am nächsten Morgen, die Sonne stand schon hoch am Himmel, wartete der Architekt vor dem Haus der Gäste, um sie abzuholen. Heute konnten sie auf die harten Wagensitze verzichten und ein kurzes Stück zu Fuß gehen. Wie gut das tat. Die Stadt lag auf einer kleinen Anhöhe, und selbst bei dieser fortgeschrittenen Tageszeit sorgte ein kühler Luftzug für eine angenehme Temperatur. In Muße bewunderten sie im Vorbeigehen die Schnitzereien an den Häusern und bemerkten sehr schnell, daß sie sich in einer reichen Stadt befanden.

Bald waren sie vor dem Hause des Bürgermeisters angelangt. Dieser hatte die Honoratioren der Stadt im Ratssaal zum Empfang versammelt und war von einer solch gewinnenden Herzlichkeit, daß sich die Pandawas mit ihrer Mutter wirklich wohl fühlten. In der darauf folgenden Zeit besuchte man gemeinsam die Tempel der Stadt, bewunderte ihre Architektur, betrachtete die Plastiken an den Altären und opferte den Göttern. Abends wetteiferten die angesehensten Bürger der Stadt, die berühmten Pandawas bei sich zur Bewirtung und Feier einzuladen. So verging die Zeit wie im Fluge.

Eines Morgens hatte sich der Architekt der Kurawas wieder vor der Haustüre eingefunden und strahlte den herbeigeeilten Diener an: „Bringt mich schnell zu Eurem Herrn! Ich habe eine freudige Nachricht!“

Und voller Begeisterung erzählte er von dem wunderbaren Palast, den er für die Pandawas errichtet habe.

Sie brachen sogleich auf und besichtigten das Gebäude. Es war in der Tat unvergleichlich schön. Eine riesige Eingangshalle tat sich auf, welche an den Seiten offen war, so daß der Wind seinen kühlenden Hauch allen zufächeln konnte. Das mit Gold geschmückte Dach schwang sich grazil gegen den blauen Himmel. Es ruhte auf vier riesigen Säulen aus Holz, die in roter Farbe glänzten. Man hatte eigens hierfür gewaltige Baumstämme aus dem Regenwald herbeigeschafft. Alle Holzteile waren mit kunstvollen Schnitzereien verziert. Auf einem Podest stand ein großer Königsstuhl, der mit kostbaren Batikstoffen geschmückt war. Ihm zur Seite leuchtete bronzefarben ein Gamelanorchester, und die Musiker begannen sogleich, mit einer lieblichen Musik die Ankommenden zu erfreuen. Dann schritt man weiter in die privaten Gemächer, welche sich der Halle anschlossen. Sie waren mit erlesenen Kostbarkeiten ausgestattet.

Nur zu gerne verlegten die Pandawas ihren Aufenthalt hierher und hießen die Dienerschaft, alle Habe eilends herbeizuschaffen. Groß war ihre Freude, sie bedankten sich beim Architekten, der das Haus so trefflich hergerichtet hatte, und luden ihn zu einem festlichen Mahl ein.

Nach der Feier setzten sich die Brüder zusammen, und Yudhistira sprach in leisem Ton in der Sprache der Pandawas: „Dieser Palast ist herrlich und von königlichen Glanz, aber er ist ohne Stein gebaut. Habt Ihr schon bemerkt, daß alle Baumaterialien sehr leicht brennbar sind? Dieser Ort ist wie dazu geschaffen, uns zu verbrennen."

Da meldete sich der Vertraute Viduras zu Wort, der sie bisher begleitet hatte und gleichsam schon zur Familie gehörte: „Wenn dieser Palast einmal angezündet wird und wir sind darin, kann keiner von uns entkommen, und wir werden verloren sein. Deshalb schlage ich vor, einen unterirdischen Gang zu bauen, durch den wir bei Feuer fliehen können."

Die nächsten Tage waren angefüllt mit den Vorbereitungen für eine große Prozession, die man in wenigen Tagen erwartete. Die Stadt glich einem Bienenschwarm. So viele Menschen hatten noch so viele Vorkehrungen zu treffen. Alle waren so beschäftigt, daß keiner mehr an die Pandawas dachte, was diesen nur recht sein konnte. In Ruhe trafen sie nun die Vorbereitungen in ihrer eigenen Sache. Nachdem der Vertraute Viduras das Gelände erkundet und die Richtung und den Verlauf des Tunnels bestimmt hatte, begann man mit der Arbeit.

Unbemerkt hatten sich die Pandawas das notwendige Grabgerät dazu besorgt. Das Erdreich schaffte man in unterirdische Keller und warf es von dort aus in den Fluß, der unterhalb des Palastes dahinfloß und nach der Regenzeit von mitgeschwemmter Erde bereits rotbraun gefärbt war. Zu dem gelagerten Erddepot hatten nur die Pandawas Schlüssel und Zutritt. Ihr Werk schritt zügig voran, weil die Zeit drängte. Den Pandawas saß die Angst vor einem Brand im Nakken, und so gruben sie mit aller Kraft, und von Tag zu Tag bohrte sich der unterirdische Gang weiter ins Erdreich hinein. Obwohl sie wie wild arbeiteten, vergingen die Stunden immer langsamer. Endlich erblickten die Tunnelbauer ein blasses Licht. Sie schaufelten und gruben, daß ihnen der Schweiß in Bächen vom Körper rann. Es war so weit, sie erreichten genau die vorher berechnete Stelle als Ausgang unter einem dichten Gebüsch. Sie fielen sich vor Freude in die Arme: die größte Gefahr war jetzt gebannt.

Von jetzt ab schlief die ganze Familie in einem Schlafsaal in der Nähe des Tunneleinganges. In der Nacht hielt immer einer Wache, um die anderen bei drohender Brandgefahr rechtzeitig zu warnen.

Wieder bereitete man in der Stadt ein großes Tempelfest vor. Von überall her zogen die Prozessionen mit Musik und Fahnen in die Stadt ein. Es wimmelte von Pilgern, die sich durch ihre fremdländischen Gewändern und ganz ungewohnt klingende Sprachen von den Einheimischen abhoben. Die Straßengeschäfte verkauften massenhaft bunte Souvenirs, und die Wirte schleppten immer neu gefüllte Teller für die vielen Gäste herbei. Die Priester hatten frisch gewaschene Kleidung angelegt, die Tempeleingänge sauber gefegt und die Opferbüchsen geleert. Morgen sollte das Fest der Feste beginnen. Alle Bewohner der Stadt waren in Hochstimmung, besonders der Architekt der Kurawas.

Aber dieser freute sich aus einem anderen Grunde. Er hatte bemerkt, daß gegen Abend ein kräftiger Wind aufgekommen war. Jetzt war für ihn die Zeit zum Handeln gekommen. Es war schon gegen Mitternacht. Die letzten Gäste gingen singend und laut redend aus den Wirtschaften nach Hause.

Plötzlich rief eine schrille Frauenstimme: „Es brennt!" Jetzt sahen es alle. Ein flackernder Feuerschein erhob sich gegen den schwarzen Nachthimmel. Mit einem Mal war alle Fröhlichkeit verflogen. Die Leute zog es wie magisch immer näher zum Brand. In dichten Trauben schoben sich die Menschen an ihn heran.

Eine Stimme schrie: „Es ist der neue Pandawapalast!" Fürwahr, der ganze Palast stand in hellen Flammen. Ein paar beherzte Männer versuchten noch, in das Flammenmeer hineinzuspringen. Vergebens. Sie taumelten von der Hitze benommen zurück.

Hier kam keiner mehr hinein oder heraus. Die Flammen prasselten. Man hörte eine Männerstimme, welche kläglich um Hilfe schrie. Das Schreien ging allmählich in Wimmern über und verstummte schließlich ganz.

Entsetzen machte sich breit. „Zurück!" kommandierte ein Mann und drängte die Menschenmauer nach hinten. Gerade zur rechten Zeit. Ein gewaltiger Windstoß fachte die Glut an und ließ sie zu immer neuen Bränden explodieren. Es war die Hölle, und in dieser Hölle verbrannten Menschen.

Nur gut, daß der Palast allein auf einem weiten Platz stand, sonst wäre die ganze Stadt ein Raub der Feuersbrunst geworden. Still und bedrückt gingen die Menschen zu ihren Häusern zurück, als der Prunkbau rauchend in sich zusammengefallen war. Diese furchtbare Nacht sollte keiner von ihnen je vergessen.

Am nächsten Tag sprengte ein Trauerbote mit einem schnellen Pferd zu König Destarasta und überbrachte die traurige Nachricht, daß die Pandawas mit ihrer Mutter und einem Architekten bei einem schrecklichen Brand umgekommen seien. Der König war tief betroffen und ordnete Staatstrauer an. Duryudhana wurde König.

Im Wald

Die Liebe des Sohnes zur Mutter und zu den Geschwistern

Als die Pandawas das Feuer entdeckt hatten, sprangen sie von ihrer Lagerstätte auf, weckten ihre Mutter Kunti und den Berater Viduras, rissen die Falltür zum unterirdischen Gang auf und stürzten hinein.

In angstvoller Eile hasteten sie durch den Gang, der ihnen Rettung aus dem Inferno über ihnen verhieß. Es war dunkel, und sie stolperten über kleines Getier, welches in der Höhle Unterschlupf gefunden hatte. Immer wieder glitten ihre sich an den Wänden entlang tastenden Hände über glitschige, sich bewegende Haut, rutschten ihre Füße auf zertretenem Gewürm aus. Ratten huschten an ihnen vorbei. Zum Innehalten und Nachdenken blieb keine Zeit. „Vorwärts, schneller!" stieß Bima hervor. Von den anderen Flüchtenden hörte man nur das Keuchen ihres Atems.

Endlich war der Ausgang erreicht. Bima stieß mit einem gewaltigen Ruck gegen die Abdeckung des Tunnelausgangs. Sie gab nach, und erschöpft fielen die Pandawas ins Freie.

In Freiheit aber waren sie noch lange nicht. Sie mußten noch in dieser Nacht außer Landes fliehen, um wirklich gerettet zu sein. Sie zogen sich gegenseitig hoch und liefen dann weiter. Sie schlichen wie Diebe an Häusern vorbei, wateten durch Bäche, sanken in Morast, bahnten sich ihren Weg durch dichte Wälder. Weiter, weiter. Schon begann sich ganz leicht der Horizont hell zu färben. Da fiel Kunti zu Boden: „Ich kann nicht mehr. Laßt mich hier, geht allein eures Weges. Bitte, bitte rettet euch!"

Ohne ein Wort zu sagen, nahm Bima seine Mutter auf seinen starken Arm und trug sie. Die Brüder begannen zu taumeln. Bima schleppte auch sie, bis sie schließlich die Landesgrenze überquert hatten. In einem dichten Wald ließen sie sich vor Erschöpfung wie tot zu Boden fallen. Hier würde sie niemand mehr finden, hier waren sie sicher.

Sie sanken in tiefen Schlaf, der mehr einer Ohnmacht glich. Bima hörte seine Mutter stöhnen. Er kroch zu ihr hin und vernahm jetzt, wie sie mit ausgetrocknetem Mund um Wasser bettelte. Er sprang sogleich auf, um Wasser zu suchen.

Mittlerweile war der Tag angebrochen, und Bima huschte durch die dichten Büsche zu einer blau schimmernden Stelle im Walde. Ein kleiner See lag vor ihm. Bima zog sich aus, nahm ein erfrischendes Bad, wusch seine Kleider und rannte mit den nassen Kleidern zu seiner Mutter zurück. Als die Mutter die feuchte Kühle auf ihren Lippen spürte, begann sie aus den Kleidern das Wasser herauszusaugen und kam langsam zu Kräften.

Erst jetzt übersah Bima die ganze schreckliche Lage, in der sie sich befanden. Da lag Kunti verstaubt und verschmutzt neben ihren Söhnen, welche sich genau so entkräftet auf dem harten, trokkenen Boden niedergestreckt hatten. Eine königliche Familie, verwöhnt von allem Luxus, darbte von der Welt vergessen in dieser Einsamkeit. Aber Bima wußte, daß die Götter alles Leid in Segen verwandeln würden. Darauf vertraute er, diese Gewißheit verlieh allen Mut. Sie wußten sich geborgen unter dem Schutze Gottes, nichts würde ohne seinen Willen geschehen.

Man verlegte nun das armselige Lager an den See, jagte einige Tiere und stillte Hunger und Durst. Auf diese Weise kam man langsam wieder zu Kräften, und die Pandawas gewannen sogar mit der Zeit diesem so anderen Leben im Wald eine gute Seite ab. Man mußte sich um sein Essen selbst kümmern, war frei von allen Hofintrigen, konnte die Freuden der Jagd genießen, war eingehüllt von den Kräften der Natur und hatte den Kopf frei, um zu meditieren.

Der Menschenfresser und seine Schwester

Für den religiösen Menschen ist die Sorge um die Familie wichtiger als individuelles Wohlergehen

Nur ihre Mutter tat ihnen leid, und sie bewunderten deren Ausgeglichenheit und Gelassenheit. Aber das ungestörte Familienleben sollte nicht von langer Dauer sein. Im Walde hauste ein riesiger, wilder Kannibale mit seiner Schwester. Er spürte schnell, daß sich etwas verändert hatte. Kurz darauf trug ihm der Wind vom See her den Geruch von Menschen zu. Mit seiner langen Nase schnupperte der Riese und sprach zu seiner Schwester: „Der Wind hat mir eine frohe Kunde gebracht. Ich bin sicher, daß ich bald ein wunderbares Mahl aus Menschenfleisch bekommen werde. Geh zum See und schau nach, wer sich dort aufhält!"

Die Schwester machte sich auf den Weg, sah vom Wald aus eine Menschengruppe am See lagern und erblickte den Mann ihres Lebens. Er trat gerade mit einem erlegten Reh über der Schulter auf die anderen zu, war von wunderbarer Gestalt und bewegte sich geschmeidig wie ein Tiger. Das Mädchen ließ alle Vorsicht fallen, machte sich schön und trat verschämt, aber doch mit einem vor Liebe verklärten Lächeln auf die Pandawas zu und sagte: „Mein Bruder will über euch herfallen, euch töten und anschließend verspeisen. Er ist ein Menschenfresser. Aber ich möchte euch retten." Bei diesen Worten schaute sie Bima so begehrlich an, daß dieser nur mit Mühe seine Beherrschung bewahren konnte. Das bemerkte das Mädchen wohl, und so ermutigt fuhr sie fort: „Wenn ich diesen jungen Mann heiraten kann, werde ich euch alle zu einem Ort bringen, wo euch mein Bruder nicht finden wird."

Nun gewann Bima seine Fassung wieder, und er antwortete. „Nie werde ich meine Mutter und Brüder im Stich lassen, um dich zu heiraten und meinen Genuß zu haben." Das Mädchen drängte zur Eile, schaute ihn mit so verführerischen Augen an, daß es Bima schwer wurde, bei seinem Entschluß zu bleiben. Aber er blieb stark und schickte sie zu ihrem Bruder zurück.

Dieser kam mit fürchterlichem Gebrüll herangestürzt und schlug mit einem Baum auf Bima ein. Bima erhob sich ruhig und hielt den Baum einfach fest. Der Riese war ganz verblüfft, ließ den Baum los und ergriff einen anderen großen Stamm. Bima tat das Gleiche. So prügelten die beiden für eine Weile aufeinander los. Als der Riese immer bösartiger wurde, ergriff ihn Bima, wirbelte ihn durch die Luft, und krachend landete der Menschenfresser auf dem felsigen Boden und starb.

Voller Bewunderung hatte die Schöne Bima beim Kampfe zugeschaut. Ihrem Bruder, welcher sie Zeit ihres Lebens wie seine Sklavin behandelt hatte, weinte sie keine Träne nach, und sie hörte nicht auf, mit allen Mitteln ihrer Verführungskunst um Bima zu werben. Er jedoch erzürnte und hob seine Hand gegen das Mädchen.

Da fiel ihm Yudhistira in den Arm: „Willst du eine Frau schlagen?" Bima hielt inne und senkte beschämt seinen Blick. Sie aber wandte sich an die Mutter und flehte sie an: „Kunti, du bist doch eine Frau und weißt, wie sehr ich leide, weil ich deinen Sohn wirklich begehre und liebe. Sprich du für mich."

Kunti erkannte, wie ernst es dem Mädchen war, und sie sprach: „Ich gebe meinem Sohn die Erlaubnis, dich zu heiraten, wenn du ihn jede Nacht zu uns zurückbringst, damit er uns bei Gefahr beschützen kann."

Bima fügte hinzu: „Wenn du mir verspricht, nur so lange bei mir zu bleiben, bis du einen Sohn geboren hast, will ich dich zur Frau nehmen. Wisse, daß ich geschworen habe, mich zuerst um meine Mutter und meine Brüder zu kümmern. So würde mein Sohn keinen guten Vater haben, der sich für ihn aufopfert, nur für ihn allein da ist. Demnach ist es besser, eine Trennung in Kauf zu nehmen."

Die Schwester des toten Riesen willigte ein, und beide wurden ein glückliches Paar. Jeden Morgen erschien sie bei den Pandawas und holte ihren Mann ab, um sich mit ihm zu vergnügen, ihn zu verwöhnen, ihm zu gefallen. Es war eine wunderbare Zeit für Bima. Seine Frau schenkte ihm ihre ganze Liebe. In ihren Armen war er glücklich. Sie führte ihn in neue Gegenden, zeigte ihm Orte, welcher er noch nie gesehen hatte, und lehrte ihn außerdem die Magie ihres Volkes, mit der er in Zukunft gegen seine Feinde würde kämpfen können. Jeden Abend kehrte Bima zu den Seinen zurück.

Dann kam der Augenblick, daß seine Frau ein Kind erwartete. Sie gebar einen prächtigen Sohn, und die Eltern wußten, was das bedeutete. Voller Liebe nahmen sie voneinander Abschied, den Göttern dankend für das Schöne, das sie miteinander erleben durften, starken Herzens mit Blick auf die Ewigkeit, welche sie wieder verbinden würde. „Wenn dein Sohn nach dir verlangt, werde ich ihn dir sogleich zuführen", sagte seine Frau und winkte Bima ein letztes Lebewohl zu. Später sollte dieser Sohn im Kampf an der Seite seines Vaters sein Leben für ihn verlieren.

Die Pandawas im Haus des Brahmanen

Erziehen heisst, das Innere des Menschen vom Guten prägen zu lassen. Nur so kann der Schüler das Gute weiter verwirklichen.

Bima war nun immer bei seiner Familie. Er war sehr ernst geworden, denn er litt unter Abschiedsschmerz. Zwar begleitete er seine Brüder auf der Jagd, doch jeder Baum, jeder Platz erinnerte ihn schmerzlich an die schönen Stunden, die er dort mit seiner Geliebten verbracht hatte. Das merkte natürlich auch seine Mutter Kunti, die sich Sorgen um ihren Sohn zu machen begann. So war jeder froh, als sie eines Morgens vorschlug, von hier aufzubrechen und zu einem anderen Ort zu wandern. Man packte in Ruhe die wenigen Dinge, welche man unbedingt zum Leben brauchte, und machte sich erneut auf die Wanderschaft.

Die Familie gelangte auf eine weite Ebene, die von Reisfeldern bedeckt war. Das Wasser plätscherte leise vor sich hin, die Reishalme spiegelten sich in ihm und spielten mit den Wolkenbildern, welche weiß und bauchig auf seiner Oberfläche wie Segelschiffe dahinzogen. Ein Hütejunge spielte auf der Bambusflöte. Vom Regenwald her erscholl das aufgeregte Geschrei von Affen. Rufen und Lachen klang von den arbeitenden Bauern herüber. Mit lautem Gerumpel holperte gemächlich ein Ochsenwagen heran. Eine menschliche Siedlung war in der Nähe. Die Pandawas näherten sich einer kleinen Stadt.

Vor einem ärmlichen Haus machten sie Halt und baten um Wasser. Es war das Haus eines Brahmanen, der hier mit seiner Familie in einfachen Verhältnissen lebte, um sich ganz dem Studium der Heiligen Schriften hingeben zu können. Er fühlte sich von den Pandawas angezogen und bat sie, bei ihm als Gäste zu bleiben. Er bewirtete sie voller Herzlichkeit und begeisterte sie für die Lehren Gottes. So blieben die Pandawas dort und fühlten sich nach all den Gefahren zum ersten Mal wieder richtig geborgen. Nach dem morgendlichen Studium gingen die Brüder mit dem alten Mann in die Stadt, um Almosen in Empfang zu nehmen, ihre Mitmenschen zu beraten und im Tempel zu beten. Der Brahmane wurde von den Bewohnern sehr verehrt, und diese Hochachtung übertrug sich auf die Pandawas, da sie von gleicher Wesensart wie ihr alter Lehrmeister waren.

Eines frühen Morgens wurde Kunti durch lautes Weinen aus dem Schlaf geschreckt. Was war geschehen? Aufgeregt verließ sie ihr Zimmer und sah die schluchzende Frau des Brahmanen. Er selbst war schon mit den anderen jungen Männern zur Stadt gegangen. Fassungslos erzählte ihr die Frau, daß ihr Mann am nächsten Tag sterben müsse. Ein großer Riese behüte die Stadt vor Feinden, und für diesen Dienst fordere er täglich eine Menge Speisen und dazu einen Menschen zum Fraß. Der Feind sei schon lange weiter gezogen. Der Riese aber sei geblieben und verschlinge regelmäßig sein Opfer. Man wähle in der Stadt reihum einen Bürger aus, der zum Wohle der Stadt sterben müsse. Dieses Mal sei ihr Mann an der Reihe.

Kunti tröstete die verzweifelte Frau: „Weine nicht, mein Sohn wird die Stelle deines Mannes einnehmen und den Riesen besuchen. So wird dein Mann am Leben bleiben."

Die Frau verstummte für einen hoffnungsvollen Augenblick. Dann aber stieß sie hervor: „Du kannst doch nicht deinen Sohn für meinen Mann opfern?“

„Das will ich auch nicht“, lächelte Kunti, und sie begann der sich beruhigenden Frau vom Kampf zwischen Bima und dem Riesen zu erzählen. Als sie geendet hatte, legte sie ihre Hände auf die Hände der Frau: „Du kannst sicher sein. Bima wird helfen und die Stadt von dem Ungeheuer befreien. Du kannst mir wirklich vertrauen.“

Da schöpfte die Frau neuen Mut und bereitete einen großen Korb mit Speisen für den Riesen. „Darf ich auch davon essen?“ fragte Bima schelmisch und machte sich am anderen Tage frühmorgens zu dem Riesen auf den Weg.

Als er den Opferplatz erreicht hatte, ließ er sich gemütlich nieder und begann in aller Ruhe, den Korb auszupacken und die Speisen zu verzehren. Im gleichen Augenblick stürmte der Riese mit fürchterlichem Gebrüll heran. Aber Bima tat so, als ob er blind und taub sei und steckte sich genüßlich ein großes Stück Braten in den Mund. Der Riese holte zu einem fürchterlichen Schlag mit der Faust aus und traf Bimas Rücken. Bima steckte sich das nächste Stück Fleisch in den Mund und kaute, als ob er nichts gemerkt hätte. Eine solche Frechheit hatte der Kannibale noch nie erlebt. Sein Kopf wurde vor Zorn ganz rot, seine Haare sträubten sich und seine Augen quollen hervor.

„Warte, das wirst du mir büßen!“ Schnaubend vor Wut konnte er diese Drohung kaum aussprechen, riß einen Baum aus und begann auf Bima loszuschlagen. Dieser wich aus, holte sich ebenfalls einen Baum, und nun begann die Schlägerei nach bekanntem Muster. Als der Riese merkte, daß er so nicht weiterkam, stürzte er auf seinen Gegner, um ihn mit seinen gewaltigen Armen totzupressen. Bima entwand sich dem Griff, umfaßte das Ungeheuer und schleuderte es zu Boden. Dann kniete er sich auf ihn und erdrückte ihn.

Von dem Kampfgetöse war die ganze Familie der Riesen angelockt worden und sah bestürzt, mit welcher Leichtigkeit Bima gesiegt hatte. Als er sich nun ihnen zuwandte, fielen die zottigen Kolosse aus Angst vor ihm auf die Knie und bettelten um Gnade. „Wenn ihr mir schwört, die Stadt in Ruhe zu lassen und diese Gegend nicht mehr zu betreten, will ich euer Leben schonen!“ rief Bima ihnen zu. Er hörte nur noch: „Wir schwören, wir schwören" und das dröhnende Gestampfe der flüchtenden Riesen.

Als er nun wieder alleine war, schulterte er den toten Riesen, trug ihn vor die Stadtmauer und warf ihn zu Boden. Dann schlenderte er, als ob nichts geschehen wäre, gemütlich nach Hause und wunderte sich, warum sich die Brahmanenfamilie so ereiferte. Von nun an war Bima der Held der Stadt.

Die Zeit verging gleichförmig mit dem eifrigen Studium der Heiligen Bücher. Es war ein Tag wie jeder andere. Bima schaute von seinem Buch auf und blickte Arjuna an. Dieser ließ seine Augen zu den anderen schweifen, und auf einmal begannen alle zu lachen. Die Mutter kam herein: „Was ist los mit euch?"

„Verzeiht Mutter, wir sind jung, zu jung, um hier nur herumzusitzen. Wir haben viel gelernt..."

„Aber der Unternehmungsgeist juckt euch in den Gliedern. Was hab ich nur für Söhne", lachte Kunti. „Gut, nächste Woche reisen wir weiter."

„Hurra!" schrien die Brüder. Nun begann ein herzliches Abschiednehmen. Und nach dem letzten, etwas wehmütigen Lebewohl wanderte man frohgemut neuen Abenteuern entgegen. Das Ziel war die Hauptstadt eines benachbarten Königreiches, von dem sie schon viel gehört hatten.

Zu Gast beim König

**Mit Edelmut gewinnt man das Herz des anderen.
An Gottes Segen ist alles gelegen.**

Sie gingen auf einer einfachen Straße, die in der augenblicklichen Trockenzeit keine Wasserlöcher und Schlammflächen aufwies, und kamen ohne Behinderung gut voran. Bald gelangten sie in eine ihnen unbekannte Gegend. Vor ihnen ragten gewaltige Vulkankegel auf, die schmutzig grauen Rauch zum Himmel spien und von Zeit zu Zeit ein unheimliches Donnern vernehmen ließen. Die Reisfelder wichen mehr und mehr dem Regenwald, aus dem ein tausendfältiges Geschrei und Gebrüll von wilden Tieren erklang. Knarrend rumpelte ein Ochsenwagen heran und hatte Mühe, die Wanderer zu überholen.

Der Bauer hielt an und fragte, ob er sie ein Stück mitnehmen dürfe bis zur nächsten Weggabelung. So stieg die Familie auf, genoß die Ruhe und plauderte mit dem Kutscher. Langsam glitt der Straßenrand mit Blumen und Blütenstauden an ihnen vorbei. Sie bewunderten eine Gruppe von tiefroten Bougainville-Sträuchern, welche wie ein Flammenmeer aufleuchtete. Durch die Zweige der Bäume huschte mit lautem Spektakel eine Affenherde.

Dann aber hieß es aussteigen. Der Bauer zeigte ihnen den weiteren Verlauf ihres Weges und entschwand mit seinem Karren ihren Blicken. Die Sonne neigte sich schon zum Horizont. Man hatte sich während der Fahrt ausgeruht, und zudem begann es angenehm kühl zu werden. So beschloß man, noch ein Stück weiterzugehen und schritt munter voran. Im Gespräch vertieft bemerkte die Familie nicht den Anbruch der Nacht. Mit einem Mal war es dunkel.

Aber darauf war man vorbereitet. Arjuna beleuchtete mit einer Fackel den Weg. Langsam schlich sich jedoch Müdigkeit in ihre Glieder, und die Familie breitete die Decken aus und legte sich am Rand der Straße zur Ruhe.

Gerade wollten ihre müden Augen zufallen, als sie plötzlich ein Geräusch von Menschen hörten. Frauenlachen klang an ihre Ohren, dann rief laut ein Mann, und das Lachen ging in Gekicher über. Bima schnarchte schon tief und fest und vernahm nichts von alledem.

Arjuna erhob sich, um den Geräuschen nachzugehen.

„Mutter, ich komme gleich zurück. Ich will nur kurz nachschauen, was es dort im Walde gibt!“ flüsterte Arjuna Kunti zu, ehe er im Wald verschwand.

„Nimm die Fackel mit und sei vorsichtig!“ rief ihm Kunti halblaut nach. Schon leuchtete ein Feuerschein und verschwand allmählich im dichten Gebüsch des Waldes.

Arjuna schlich geräuschlos wie eine Schlange durchs Gehölz auf die lachenden Menschen zu. Der Wald lichtete sich, und er sah vor sich das Dunkel eines träge dahinziehenden Flusses. Er drang bis ans Ufer vor. Plötzlich kam ganz langsam die helle Scheibe des Vollmondes hinter einer dunklen Wolke heraus und goß ihr mildes Licht über das Land.

Arjuna stockte der Atem: Dicht vor ihm plätscherten drei wunderschöne Mädchen im Wasser. Der Mondschein ließ ihre Körper hell aufleuchten, und Arjuna zerschmolz fast beim Anblick von soviel Schönheit und Jugend. Hingerissen folgten seine Augen ihren anmutigen Bewegungen.

Dann gewahrte er in einiger Entfernung noch eine Mädchengruppe, die mit einem Mann scherzte, und eine lustige Wasserschlacht begann. Arjuna vergaß alle Vorsicht und war gerade dabei, sich zu entkleiden, um zu den Mädchen zu schwimmen, da wurde er von rohen Fäusten jäh gepackt.

Neben ihm standen zwei riesige, finster dreinblickende Männer. „Wir sind Eunuchen des Königs und bewachen sein vergnügliches Spiel. Keinem Mann ist es erlaubt, hier zu sein. Wagt er es doch, muß er sterben!" schrien die Wächter und erhoben ihre Lanzen, um den Eindringling zu töten.

Arjuna war völlig verwirrt, so urplötzlich aus dem Paradies vertrieben zu werden, und erstarrte. Die Mädchen flüchteten laut kreischend ans Ufer, und der König näherte sich dem Geschrei seiner Eunuchen.

Arjuna bedeutete ihm, daß er keineswegs den König bei seiner Lustbarkeit hätte stören wollen, und bot ihm seine Entschuldigung an. Der König merkte an Sprache und Benehmen Arjunas, daß er keinen gewöhnlichen Mann vor sich hatte und ging auf den Vorschlag ein, am nächsten Tag mit Arjuna zu kämpfen.

Den Rest der Nacht verbrachten die Pandawas im königlichen Schloß und schliefen dort fest und ruhig. Am Morgen saßen sie gemütlich am Frühstückstisch und taten sich gütlich.

Der König wunderte sich sehr über die Ruhe der Gäste, während er selbst schon vor Aufregung hin und her rannte. Endlich schickte er seine Soldaten los, Arjuna zu holen.

Dieser kam gemächlich zum König, gefolgt von den anderen Pandawas. Der ganze Hofstaat hatte einen großen Kreis gebildet und erwartete den schnellen Tod des Eindringlings im Zweikampf. Der Kampf begann und war auch schon zu Ende.

Der viel mächtigere Arjuna hatte den König zu Boden geworfen und in Windeseile dessen Hände mit einem Strick gefesselt. Dann hob er den Besiegten vom Boden auf und führte ihn seiner Mutter Kunti vor.

Stolz blickte der geschlagene König und sagte kein Wort in Erwartung seines Todesstoßes. Seine Lieblingsfrau jedoch konnte diesen Anblick nicht ertragen, stürzte sich weinend Yudhistira zu Füßen und bat um das Leben ihres Mannes. Auch Kunti blickte bittend auf Arjuna. Als Arjuna das sah, schritt er zum König, löste ihm die Fesseln und sagte nur: „Ihr seid frei."

Da erhob sich ein Jubelschrei im ganzen Hofstaat, der voller Beklemmung den ungleichen Kampf mit angesehen hatte. Die Lieblingsfrau des Königs fiel vor Dankbarkeit vor Arjuna zu Boden. Dieser zog sie lächelnd hoch und führte sie ihrem Gemahl zu, in dessen Armen sie wieder zu sich fand.

Der König selbst bot Arjuna seine Freundschaft an und lud ihn mit der Familie zu einem längeren Aufenthalt ein. Zum Dank wollte er Arjuna die geheimen Waffenkünste seines Volkes lehren und obendrein einem jeden der Pandawas noch hundert der edelsten Schlachtrosse schenken. Arjuna lehnte bescheiden ab. Als der König vorschlug, er möge ihm doch eine seiner furchtbaren Waffen im Austausch für die Pferde geben, willigte er ein, bat jedoch, daß der König die Tiere weiter behalte und für ihn pflege, bis sie gebraucht würden.

Es war ein angenehmes Leben, welches die Pandawas im Schloß führten. Der König las ihnen jeden Wunsch von den Augen ab. Aber schließlich sollte die Reise doch weitergehen.

Zum Abschied hatten Arjuna und der König ein langes Gespräch miteinander, in welchem der König sein Herz ganz offen legte und Arjuna anvertraute, daß er nur glücklich sei, weil er die Verbindung mit Gott pflege und sein eigenes Geschick in dessen Hand lege. Er empfahl Arjuna, zu einem Priester zu gehen und sich von ihm Rat und Segen zu holen.

Arjuna fastete und suchte den Tempel auf, den der König ihm genannt hatte. Er fand den Priester, betete mit ihm und erbat seinen Segen. Der Priester gewährte ihm das Gewünschte und sprach: „Ich weiß, wie gottergeben du bist. Ich brauche dich nicht auf deinem weiteren Lebensweg zu begleiten. Aber meine Gebete werden dich fortan beschützen und dir Kraft verleihen."

Dankbar für ihre Begegnung mit dem König, welche ein solch gutes Ende gefunden hatte, machten sich die Pandawas auf die Weiterreise.

Der Wettkampf

Aussehen und Stärke eines Mannes genügen nicht, um das Herz einer edlen Frau zu erobern

König Drupada war den Göttern dankbar. Nach dem verlorenen Kampf gegen Arjuna und seine Brüder hatte er zwei Kinder bekommen, einen Sohn und eine Tochter, genau wie er es sich gewünscht hatte. Beide Kinder waren sein ganzer Stolz und in allen Künsten bewandert. Mit besonderem Wohlgefallen betrachtete Drupada seine Tochter Drupadi. Sie entwickelte sich zu einer unvergleichlichen Schönheit, war trotzdem bescheiden, hilfsbereit und hatte sich bei guten Lehrern ein umfangreiches Wissen angeeignet.

Viele Männer hätten sie gerne zur Frau gehabt, aber sie war insgeheim nur für einen bestimmt: Arjuna. Mit Entsetzen hatte daher der Vater vom schrecklichen Tod der Pandawas in der Feuersbrunst vernommen. Er trauerte über den Verlust seines zukünftigen Schwiegersohnes und wußte sich keinen Rat, in wessen Hände er Drupadi geben sollte.

Die Jahre gingen ins Land, und Drupada sprach mit seiner Tochter. Man kam überein, einen großen Wettkampf zu veranstalten, zu dem man die besten Jünglinge aller Königreiche einladen wolle. Drupadi sollte sich dann den Mann zur Ehe aussuchen, der Arjuna am nächsten käme.

Der König ging nun unverzüglich ans Werk, lud die besten Architekten und Künstler ein und beauftragte sie, eine große und prächtige Arena für den Wettbewerb zu bauen. Bald wimmelte es im ganzen Königreich von Handwerkern und Bauarbeitern. Jeden Tag erschien der König an der Baustelle, machte Vorschläge, gab Anregungen und überzeugte sich vom Fortschritt der Arbeiten.

Desgleichen stellten sich die Bürger seines Landes auf das große Ereignis ein, indem sie ihre Häuser erneuerten, die Straßen ausbesserten und sich so auf den kommenden Besucherstrom vorbereiteten.

Endlich war der Kampfplatz fertig. Die Leute sahen schon von weitem gewaltige Baumsäulen aufsteigen, welche einen riesigen Baldachin trugen. Rot leuchtete er gegen den blauen Himmel. Neben der Arena ragten siebenstöckige Paläste, von denen die Zuschauer einen Blick über den ganzen Platz hatten. Die Gebäude waren mit großen Sälen versehen, auf deren Marmorfußböden dicke Teppiche lagen. Durch die Wandöffnungen fächelte ein stetiger Windzug den Gästen Kühlung zu. Die Fensterbögen waren mit Gold und Brillanten kunstvoll verziert. An vielen Fahnenstangen flatterten bunte Fahnen mit königlichen Emblemen.

In der Mitte des Platzes glänzte auf einem hölzernen Turmbau an einer hohen Stange, welche schier in die Wolken reichte, ein goldener Ring. Diesen Ring galt es, mit fünf Pfeilen zu durchschießen. Während der Bauzeit hatte Drupada die kunstfertigsten Bogenmacher beauftragt, einen Bogen herzustellen, der so unbiegsam war, daß ein gewöhnlich Sterblicher ihn selbst mit aller Kraft nicht zu spannen vermochte. Als sie ihr Werk vollendet hatten, versuchten sie es mit gemeinsamer Kraft, vergeblich, und der König sah, daß nur Arjuna oder ein ihm gleicher Held dazu in der Lage wäre.

Nun ritten Boten in die Königreiche aus, um die Edelsten der Männer zum Kampf um die Gunst Drupadis einzuladen. Aus allen Himmelsrichtungen strömten die Wettkämpfer mit ihrem Gefolge herbei; denn ein jeder hatte von der unvergleichlichen Schönheit und Anmut der Königstochter gehört und begehrte sie zur Frau.

Der Wettkampf wurde mit einem farbenprächtigen Vorspiel eingeleitet, Schauspieler und Tänzer erfreuten die gewaltige Menschenmenge, welche sich um den Platz versammelt hatte. Fünfzehn Tage dauerten die Aufführungen und begeisterten die Zuschauer; dennoch warteten alle ungeduldig und voller Spannung auf den großen Wettkampf.

Am sechzehnten Tage kündigten Herolde das Nahen des Königs mit seiner Tochter an. Wie eine Göttin schritt Drupadi hinter ihrem Vater durch die Menschenmenge zum Thronsessel. Ein Raunen der Bewunderung ging durch die Menschenreihen und schwoll zu lautem Jubelgeschrei an. Dazu spielte die Gamelanmusik, und deren Gongs dröhnten weithin ins Land.

Die Tore zur Arena öffneten sich ein zweites Mal, und herein schritt eine Prozession von Priestern, in wallende weiße Gewänder gehüllt und Weihrauchfässer schwenkend. Die Menge verstummte und erhob sich, die Priester zu ehren. Diese schritten zum Altar neben dem Königsthron, stimmten ihre Gesänge an und baten die Götter um ihren Segen.

Nach Beendigung der Zeremonie erhob sich der Bruder Drupadis und verkündete mit lauter Stimme den Beginn des Wettkampfes. Es trat nun ein Held nach dem anderen heran, hob den gewaltigen Bogen vom Boden und versuchte ihn zu spannen. Die Zuschauer sahen, wie die Armmuskeln anschwollen, der Kopf vor Anstrengung rot erglühte und ein Wettkämpfer nach dem anderen den Bogen ungespannt mit beschämten Blick niederlegte. Auch die Kurawas versuchten ihr Glück. Vergebens. Sie scheiterten wie ihre Vorgänger.

Ein neuer Trompetenstoß aus den Muschelhörnern erklang. Alle Augen wandten sich dem siegessicheren Ankömmling zu, welcher leichtfüßig herbeieilte. Der Herold verkündete laut den Namen: „Karna."

Er schritt ohne Zögern zum Bogen, hob ihn auf, spannte ihn und war gerade dabei, auf sein Ziel zu schießen, als mit schrillem Aufschrei Drupadi allen verkündete, daß sie diesen Mann nie heiraten werde. Karna legte den Bogen sofort hin und schritt stolz lächelnd von dannen.

Als der Wettkampf sich bald erfolglos seinem Ende näherte, betrat ein Brahmane in weißem Gewand die Arena, verneigte sich vor dem Königsthron, ergriff den Bogen, spannte ihn, schoß fünf Pfeile in ganz kurzen Abständen durch den Ring und hatte damit den Wettkampf gewonnen.

Drupadi sprang voller Freude von ihrem Sitz auf, eilte zu dem Sieger und legte ihm als Zeichen ihrer Gunst eine Blumengirlande um den Hals. Ein einziger Jubelschrei aus vielen Kehlen brandete durch die Arena. Die Menschen erhoben sich von ihren Plätzen und tanzten vor Freude. Die beiden jungen Leute strahlten vor Glück: Bald würde die Hochzeit sein.

Nur der König nährte noch Zweifel an seinem zukünftigen Schwiegersohn. Eine geheime Ahnung ließ ihn an Arjuna denken, doch der war in den Flammen umgekommen. In solche Gedanken versunken zog der König mit seiner Tochter durch die jubelnde Menge zum Palast zurück. Der Sieger aber schritt wie ein Held mit seinen vier Gefährten aus der Arena und war in der Menschenmenge verschwunden, nicht ohne zuvor dem Diener des Königs seinen Aufenthaltsort in der Stadt mitzuteilen.

Freudige Rückkehr

Ein Gelübde muss man halten. Gottvertrauen

Lachend und winkend drängte sich Arjuna mit seinen vier Brüdern durch die Menschenmenge. Von überallher streckten sich ihm Hände entgegen, die er freudig schüttelte. Strahlende Gesichter lächelten ihm zu. Hochrufe wünschten ihm Glück. Es war ein wunderbares Gefühl, sich von so vielen wohlwollenden Menschen umringt zu sehen. Jetzt wollte er schnell zu seiner Mutter, die doch ganz bestimmt schon ungeduldig auf die Rückkehr der Söhne wartete.

Sie hatte während des Wettkampfes lieber in ihrer Herberge bleiben wollen. Zu groß war die Gefahr, erkannt zu werden. Sie wußte, daß die Kurawas mit ihrem Gefolge auch in der Stadt waren. Hoffentlich hatten sie ihre Söhne nicht entdeckt! Hoffentlich war alles gut gegangen! Kunti machte sich große Sorgen und betete zu Gott. Sie vertraute seiner Kraft und Fürsorge. Hatte er sie nicht alle bis jetzt auf ihrer beschwerlichen Reise wunderbar beschützt? Hatte er sie nicht zu dem Hause des einfachen Töpfers geführt, der gerade in dem Augenblick, als sie müde und erschöpft vorbeigingen, seine Ware anpries und sie nach einem kurzen Gespräch zum Verweilen einlud?

Schon hörte sie die Stimmen ihrer heimkehrenden Söhne. Gott sei Dank, man hatte sie nicht festgehalten. Sie rannte vor die Tür und sah ihre lachenden Söhne, die auf sie losstürmten.

„Arjuna hat beim Wettkampf einen herrlichen Preis errungen!“ rief Bima.

„Bei Gott", antwortete sie, „ihr müßt alles redlich miteinander teilen." Sie wunderte sich über die Wirkung ihrer Worte. Warum wurden die Pandawas plötzlich so ernst? Doch schon hellten sich die Gesichter ihrer Söhne wieder auf, und sie begrüßten ausgelassen ihre Mutter und tanzten um sie herum.

„Nun sagt, was habt ihr gewonnen, spannt mich doch nicht so auf die Folter!" entfuhr es ihr.

„Bald ist eine große Hochzeit, bald ist eine große Hochzeit", sangen die Fünf, faßten ihre Mutter und drängten sie ins Haus.

Als sie dann den ganzen Inhalt der Geschichte erfuhr, war sie es, die plötzlich ganz ernst wurde, weil sie daran dachte, was sie gerade eben den Göttern feierlich gelobt hatte: „Alles teilen." Yudhistira drängte zur Ruhe, man begann, das Problem gemeinsam zu lösen, und kam überein, daß alle fünf Brüder Drupadi heiraten sollten. Jeder sollte sie für zwei Tage zur Frau haben. Während dieser Zeit dürften die beiden Eheleute nicht gestört werden. Dann sei die Reihe an dem nächsten der Brüder und so fort. Das schien allen sehr einleuchtend und vernünftig zu sein, denn man wollte auf keinen Fall, daß Kunti durch Rücknahme ihres Gelöbnisses die Götter beleidigte. Aber was würde Drupadi dazu sagen?

Yudhistira wurde als ältester dazu ausersehen, am nächsten Tag zur königlichen Familie zu gehen und deren Meinung zu erfragen. Das Gespräch wendete sich anderen Dingen zu. Man sprach über zukünftige Kriege, über Truppen, Ausrüstungen und Mannschaftsstärken.

Dabei bemerkte keiner, daß durch das geöffnete Fenster ein Augenpaar spähte und ein Männerkopf sich neugierig vordrängte, um jedes gesprochene Wort zu verstehen. Eine ganze Weile blieb der heimlicher Lauscher dort, dann verschwand er ebenso lautlos, wie er gekommen war.

Es war der Bruder Drupadis, der jetzt außer Hörweite in einen gemächlichen Trab fiel und dem väterlichen Schloß zur Berichterstattung zueilte. Sein Vater erwartete ihn schon und folgte begierig den Worten seines Sohnes. Die Beschreibung der fünf königlichen Helden und deren Reden über strategische Kriegsplanung bestärkten den König immer mehr in seinem Verdacht, es mit den Pandawas zu tun zu haben, wenn es im Augenblick auch unmöglich erschien. So beschloß er, der Sache am folgenden Tag auf den Grund zu gehen und sich Gewißheit über die Herkunft dieser Helden zu verschaffen. Gleich in der Frühe wollte er seinen Boten losschicken, um den ältesten der Brüder herbeiholen zu lassen und ihn zu befragen. Trotzdem konnte der König vor Erwartung in dieser Nacht kaum schlafen. Ebenso erging es seiner Tochter, die immer wieder das Bild ihres herrlichen zukünftigen Gemahls in ihren Träumen vor sich hatte und sich das Leben mit ihm in den schönsten Farben ausmalte.

Das Geheimnis wird gelüftet

Gott hilft den Liebenden

Am nächsten Morgen rief der König beim ersten Hahnenschrei seinen Boten zu sich und beauftragte ihn, den ältesten der Brüder aus dem Haus des Töpfers herbeizubitten. Der Bote klopfte an die Tür des Töpfers, als alle noch im Bett waren. Verschlafen schaute der Töpfer nach und sah den prächtig gekleideten Königsboten warten. Im Nu erwachte der verschlafene Mann und schrie erschrokken durchs Haus. Ganz ruhig bat ihn der Bote, doch am frühen Morgen nicht einen solchen Lärm zu machen. Aber schon kamen die Pandawas herbei und fragten nach dem Begehr des so frühen Besuchers.

Als sie vom Ansinnen des Königs erfuhren, konnten sie dessen Wunsch durchaus verstehen, vor der Hochzeit mit den fünf Brüdern die notwendigen Zeremonien zu besprechen, und so begab sich Yudhistira zu Drupada. Der König erwartete ihn schon und bat, die Herkunft der fünf Brüder zu verraten, da die Priester diese Angaben für ihre Gebete brauchten. Nun gab sich Yudhistira zu erkennen.

Der König konnte kaum seine Freudentränen zurückhalten, und Drupadi, welche heimlich gelauscht hatte, stürzte hervor und jubelte. Voller Wißbegier hörten Vater und Tochter die Geschichte der Pandawas, lobten deren Klugheit und freuten sich mit ihnen über den glücklichen Ausgang.

Als Drupada jedoch erfuhr, daß seine Tochter alle fünf Pandawas heiraten sollte, machte er Einwände, ließ sich dann jedoch von der Richtigkeit des Vorhabens überzeugen, zumal er das heftige Nikken der Zustimmung von seiner Tochter nicht übersehen konnte. Auch die herbeigerufenen Priester vertraten die Auffassung, daß eine solche Hochzeit zwar ungewöhnlich sei, aber nicht gegen die Gebote Gottes verstoße.

In aller Eile wurden Einladungsbriefe an alle Großen dieser Welt verfaßt und eine überaus prächtige Hochzeit vorbereitet. Schnell verbreitete sich die Nachricht, daß die Pandawas die berühmte Königstochter heiraten würden, und jeder wollte bei dieser Hochzeit zugegen sein.

Die Besucher strömten bald von überall her mit großen Gaben herbei; darunter Herden von prächtig geschmückten Elefanten und Streitrossen, Dienerinnen mit wertvollen Batikstoffen, Wagen gefüllt mit Teppichen, Decken und Hausrat. In bunte Gewänder gehüllt erschienen die Adeligen zum Fest. Der König hatte eigens die Arena für die Hochzeit hergerichtet, damit alle Gäste standesgemäß unterkommen konnten. Die Feier erstreckte sich über viele Tage, und es war keiner, der nicht begeistert und voll des Lobes nach Hause zurückkehrte. Natürlich hörte auch Vidura davon. Er freute sich riesig, daß seine geheimen Rettungspläne von damals sich als gut erwiesen hatten, und eilte zu seinem königlichen Bruder, ihm die frohe Kunde zu überbringen. Destarasta hatte schon lange seine Neffen vermißt und unterrichtete sogleich die Kurawas, welche natürlich über den mißratenen Anschlag sehr enttäuscht waren. Nach einem längeren Gespräch mit seinem Onkel Devabrata und Vidura schickte er seinen Boten los, um die Pandawafamilie in die Heimat zurückzurufen.

Wieder in der Heimat

Für einen Neuanfang ist es nie zu spät

Die Pandawas folgten sogleich diesem Wunsche, verabschiedeten sich und zogen im gewaltigen Triumphzug in die Heimatstadt ein.

Die Leute standen am Straßenrand und jubelten. Mit Bravorufen begleiteten sie die Helden, die während ihrer Abwesenheit noch strahlender und kampfesmutiger geworden waren und auf prächtigen Rossen daherritten. Die Einwohner bewunderten die Schönheit der Frauen und bestaunten die schier unermeßliche Zahl der Hochzeitsgeschenke, die sich auf vielen schweren Wagen ihren Augen darboten. Die ganze Stadt befand sich im Freudentaumel. Destarasta breitete voll Rührung die Arme aus, umschlang jeden einzelnen der Pandawas und hieß sie auf das Herzlichste willkommen. Selbst die Kurawas begrüßten ihre Vettern, wenn auch mit verlegenen Mienen. Devabrata empfing sie mit den Worten: „Die Söhne Pandus sind mir so ans Herz gewachsen, als ob es meine eigenen Söhne wären."

Nachdem die erste Wiedersehensfreude sich gelegt hatte, rief Destarasta den ältesten der Pandawas zu sich und machte ihm klar, daß es besser sei, das Königreich zu teilen, ehe der alte Vetternstreit wieder ausbrechen würde.

Yudhistira antwortete: „Ich will gerne deinen Vorschlag annehmen, wenn auch das bessere Stück des Landes den Kurawas vorbehalten bleibt. Der Rest des Reiches ist für uns groß genug, und wir können alle zufrieden dort leben. Weil mein Großonkel Bisma und mein Onkel Vidura mit dir zu diesen Überlegungen gekommen sind, fällt es mir besonders leicht, ja zu sagen."

Kaum hatten die Pandawas durch ihren Bruder von dem Ortswechsel vernommen, machten sie sich am nächsten Tag zu Pferd auf den Weg, um das ihnen zugesprochene Land zu besichtigen. Sie nahmen dabei ihren treuen Tunnelbauer und Architekten, den Vertrauten Viduras, mit. Als sie ihre neue Heimat sahen, bekamen sie alle einen Schrecken. Ein weites ödes Land erstreckte sich vor ihren Augen. Nur ein paar ganz verfallene und armselige Hütten konnten sie ausmachen, in denen verwahrloste Menschen mehr als bescheiden lebten.

Doch der Architekt und Städteplaner machte den Brüdern Mut. In seiner Phantasie hatte er schon eine neue Stadt entstehen lassen, welche sich mit Türmen und Tempeln in eine große Flußschleife schmiegte. Er sah schon die vielen Schiffe, die dort ankerten, und die Straßen, die mit Kaufmannswagen übersät waren. Er freute sich auf die Gelegenheit, alle seine gestalterischen Künste Wirklichkeit werden zu lassen. Seine Begeisterung übertrug sich schnell auf seine Begleiter, und man kehrte voller Hoffnung und Tatendrang ins Schloß zurück.

Der Architekt plante, sprach mit Bauherren, Handwerkern, Künstlern und Kaufleuten. Eine breite Straße rückte täglich weiter auf die zukünftige Stadt vor. Eine unübersehbare Menschenmenge planierte das Gelände und schleppte die notwendigen Baustoffe herbei. Dazwischen rannten die Handwerksmeister und schrien ihre Befehle. Es war ein Rumoren und Treiben, und schon bald sah man die ersten Häuser emporwachsen.

Von überall her strömten Neugierige herbei, um das Ereignis zu betrachten, und erzählten bei ihrer Rückkehr jedermann von den Wunderwerken der Baukunst. Immer neue Kaufleute stellten sich beim Architekten ein und gaben neue Häuser in Auftrag.

Dann endlich war es Zeit für den Umzug. In langen Prozessionen gelangten die Pandawas mit ihren Frauen und Dienern in die neue Stadt und bezogen ihre neue Palastanlage.

Sie war weiträumig und von erlesener Schönheit. Wasserspiele sprudelten in den Parkanlagen, und die mit Kies belegten Wege führten an Teichen vorbei zum Fluß, wo an Bootsstegen die Königsbarken im Wasser schaukelten. Tagsüber brachte ein stetiger Wind vom Fluß Kühlung und wehte durch die einzelnen Hallen, die sich an den Seiten offen dem Luftzug darboten. Die Fußböden waren mit Marmor belegt und schimmerten unter dem klaren Blau des Himmels wie Seen. Reiche Holzschnitzereien und in Stein gehauene Reliefs boten den würdigen Rahmen für die kostbaren Möbel und Stoffe im Innern.

Die Pandawas waren in ihrer neuen Umgebung sehr glücklich und mit ihnen die vielen Menschen, welche die Stadt mehr und mehr bevölkerten und sie zum Mittelpunkt des ganzen Landes machten.

Arjuna hält sein Versprechen

Die helfende Liebe ist das höchste Gebot, dem alle anderen Gesetze unterzuordnen sind.Die Verletzung eines Gesetzes muss gesühnt werden, um jeder Unordnung Einhalt zu gebieten

Der Handel blühte, und Reichtum und Wohlstand hielten Einzug. Die Pandawas sorgten für Frieden und Gerechtigkeit, und so konnte ein jeder Bürger unbehelligt seinen Besitz vermehren.

Eines frühen Morgens stürzte der Bote des Tempelbrahmanen atemlos in den Palast der Pandawas. Arjuna nahm ihn im Empfang und hörte voll Entsetzen, daß Räuber sich über die Kühe des Brahmanen hergemacht hatten und diese in aller Eile der Grenze zutrieben, um dort vor jedem Zugriff sicher zu sein und ein gutes Stück Geld vom Verkauf der Tiere einzustecken.

„Sag deinem Herrn, daß ich sofort zu Hilfe komme!“ rief Arjuna und sprang auf, um seine Waffen zu holen. Er rannte und blieb plötzlich stehen. Dorthin, wo seine Waffen lagen, hatte sich gerade sein ältester Bruder Yudhistira mit Drupadi zurückgezogen. Er durfte nicht gestört werden. Dennoch: Jetzt galt ein höheres Gesetz. Er mußte unverzüglich dem in Not geratenen Priester helfen.

Laut rufend stürzte er ins Gemach des Paares, entschuldigte sich, ergriff die Waffen und war schon davongeeilt. Erschrocken schauten sich die gestörten Liebenden an, aber ehe sie noch etwas sagen konnten, war Arjuna schon verschwunden.

Er preschte mit seinem Pferd den Dieben nach. Die Hirten des Brahmanen kamen ihm jammernd mit blutenden Wunden entgegen. Es wurde wirklich allerhöchste Zeit, wenn er die Räuber noch diesseits der Grenze fassen wollte. Er gab seinem Pferd die Sporen. Es flog einen Hügel hinauf, und von dort sah er die Räuberbande, die mit Peitschenhieben das Vieh vorantrieb. Mit einem lauten Aufschrei fegte er mitten unter die Banditen, ließ seine Waffe kreisen, und bald lagen alle am Boden. Er trieb die Herde in eine andere Richtung und übergab sie der Obhut der zurückgekehrten Hirten. Dann ließ er sein Pferd gemächlich nach Hause traben.

Mittlerweile hatte Yudhistira sein Gemach verlassen und war zu den Häusern der Diener gegangen, um sich zu erkundigen, warum sein Bruder in so großer Eile gewesen war.

Gerade in dem Augenblick ritt Arjuna auf den Hof, sprang vom Pferd und berichtete seinem Bruder von dem Vorfall.

„Du hast recht gehandelt", meinte Yudhistira und versuchte seinen Bruder zu beruhigen.

Der aber entgegnete: „Wir haben damals vor der Hochzeit abgemacht, daß wir reihum Drupadi als Gattin haben und jeden, der den anderen Bruder in der Zweisamkeit stört, für zwölf Jahre in Verbannung schicken. Ich habe das Gebot übertreten und werde in die Verbannung gehen." Mittlerweile waren die anderen Brüder hinzugetreten und versuchten, ihn von seinem Entschluß abzubringen. Vergeblich.

Am anderen Morgen zog Arjuna mit einigen Brahmanen und Dienern in die Einsamkeit. Er wanderte viele Tage, bis er an einen Fluß kam. Dort ließ er sich nieder und meditierte. Die Brahmanen unterrichteten ihn in den alten religiösen Schriften, und Arjuna vertiefte seine Verbindung mit Gott. Er blieb dort längere Zeit und machte sich darauf wiederum auf die Wanderschaft.

Unterwegs traf er auf einige besonders schöne Mädchen, welche ihn unbedingt ehelichen wollten. Er willigte ein, wenn sie ihm das Versprechen gäben, sich wieder in Liebe und Frieden von ihm zu trennen. Das geschah auch. Nur seine letzte Frau Sumbrada wollte er mit nach Hause bringen. Drupadi hörte davon und ließ ihm mitteilen, daß bei einer weiteren Heirat die erste Frau in der Regel das Nachsehen hätte, und sie ihn daher bäte, Sumbrada zu entlassen.

Arjuna verkleidete jedoch seine Angebetete als Kuhmagd und schickte sie unerkannt zu seiner ersten Frau. Die beiden Frauen wurden alsbald Freundinnen, und Arjuna konnte beruhigt über sein zukünftiges Glück seine Verbannung beenden und kehrte zur Freude der Familie in den Palast zurück.

Buch II

Besuch des weisen Mannes Nara

Nimm alles Schöne, allen Reichtum dieser Erde als Geschenk Gottes, sei dankbar und bedenke, dass es weitaus Wichtigeres gibt. Die Lehren eines weisen Mannes sind von grösstem Wert.

Yudhistira fühlte sich in seiner neuen Umgebung sehr wohl. Dazu hatte er auch allen Grund: Sein Palast war der schönste weit und breit, und immer wieder kamen neue Gäste, um die jüngst erbauten königlichen Gebäude zu bewundern. So war es auch heute. Das sanfte Flöten zweier Vögel direkt vor seinem abgedunkelten Fenster hatte Yudhistira zart geweckt. Ein kühler Windhauch strich durch den Raum. Zwei hübsche Dienerinnen legten seine Kleider zurecht. Aus der Ferne hörte er das Lachen, Rufen und Hantieren seiner Gärtner. Der Duft von Blüten zog durch das Gemach. Ein neuer Tag begann für den König. Klang der schwere Gong des naheliegenden Tempels nicht besonders feierlich? Darüber schwebte der Rezitationsgesang der vielen Mönche, gleichbleibend, sich wiederholend, ineinander schwingend mit den Geräuschen seiner Umgebung. Fürwahr ein beglückendes Lied zum Lobpreis alles Schönen.

Ein Diener erschien und verbeugte sich. Der König winkte ihn heran. Der Diener berichtete, daß der weise Priester Nara beabsichtige, ihn zu besuchen. Er sei schon in der Stadt.

Hocherfreut über diese Ehre sprang Yudhistira von seinem Sessel auf und rief laut seine Befehle. Der Palast begann sich zu regen. Die Leute rannten durcheinander und bereiteten alles für die Ankunft des großen Gastes vor. In der riesigen offenen Empfangshalle flackerten unzählige Kerzen, Fahnen bewegten sich im Wind, und der Marmorboden glänzte vor Sauberkeit. Große Blumenarrangements leuchteten in bunten Farben und erfüllten den Saal mit süßem Duft. In seine Prachtgewänder gehüllt wartete der König mit seinem Gefolge auf den greisen Priester.

Dann erscholl der laute Ruf des Herolds, die Tore öffneten sich, und herein trat eine Gruppe von Männern in langen weißen Gewändern. Der Herrscher erhob sich von seinem Sitz, um Nara zu ehren und begrüßte ihn voller Respekt. Erst als Nara sich niederließ, setzte sich der König und wartete auf die Worte des Weisen.

Dieser ließ sich Zeit. Statt sich neugierig in der für ihn ungewohnten Pracht umzuschauen, versank er schweigend und regungslos in sich selbst, die Augen sanft geschlossen. Alle im Raum erblickten das Lächeln, welches auf seinem Antlitz erblühte. Sie sahen es und nahmen unwillkürlich an ihm teil. Ihre Gesichter entspannten sich, und eine friedliche und heitere Atmosphäre verbreitete sich im Saal. Die Zeit schien stillezustehen. Dieser Priester ließ alles Alltägliche vergessen. Der ganze Raum wurde von seinem Wesen erfüllt und beglückte die Anwesenden.

Nach einer Weile öffnete er die Augen und begann zu sprechen: „Wisse, oh König, daß die Zeit deines Lebens täglich von dir neu zu überdenken und so einzuteilen ist, daß jeder dieser Teile zu seinem Recht kommt: Der erste Teil sei deinem Gott gewidmet, dem du dich betend näherst, der zweite diene der Arbeit und der letzte deiner Teilhabe an den Freuden des Lebens. Wenn du so lebst, wird sich dein Leben im Einklang mit Gott glücklich gestalten. Bei deiner Arbeit denke an die sechs Tugenden des Herrschers: Klugheit der Rede, Schnelligkeit des Handelns, Menschenkenntnis, gutes Gedächtnis, Kenntnis der Sittengesetze und der Regeln der Staatskunst. Sorge dich stets um das Wohl deiner Untertanen und zähme zuerst deine eigenen Leidenschaften, ehe du irgend etwas unternimmst. So wirst du gerecht und gut handeln."

Nach einer langen Pause fügte er hinzu: „In Übereinstimmung mit meinem göttlichen Vater möchte ich dir mitteilen, daß es dem Willen des Himmels entspricht, wenn du das Rajasuya-Opfer zu Ehren der Götter darbringst."

Der König erschrak, wagte jedoch kein Wort der Entgegnung und neigte sein Haupt. Nara erhob sich mit seinem Gefolge, grüßte und verließ würdevoll den Palast, ohne auf die Dankesworte des Königs einzugehen.

Yudhistira war wie benommen, verblieb einige Zeit schweigend auf seinem Platz und ließ sich dann auf seinem Thron nieder, von dem er zum Abschied aufgestanden war. Er verharrte eine ganze Weile dort, dachte über die Worte Naras nach und ging schließlich schweigend in seine Privatgemächer.

Ein schwerer Entschluß

Man muss den Auftrag Gottes dienend erfüllen und auf Seine Hilfe vertrauen

Während der ganzen Nacht konnte Yudhistira nicht schlafen. Schweißtriefend wälzte er sich in seinem Bett. Die Gedanken an das Rajasuya-Opfer ließen ihn nicht los. Dieses Opfer war nur dem Kaiser, dem mächtigsten aller Könige vorbehalten. Hatte er nicht mit seinem eigenen Königreich mehr als genug? Warum sollte er der Herr aller Reiche werden? Warum war gerade er dazu vom Himmel auserwählt? Hatte der greise Nara sich vielleicht getäuscht? Fragen über Fragen fielen wie Jagdhunde über ihn her und schreckten ihn auf.

Endlich dämmerte der Morgen, und er wurde etwas ruhiger. Er wollte mit seinem Freund und Berater, dem Gottkönig Vasudewa (Krishna) sprechen. Auf ihn konnte er sich verlassen. In aller Frühe schickte er seinen Boten los und ließ ihn dringend um den Besuch seines Freundes bitten. Außerdem lud er die Nachbarkönige zu sich ein.

Als er ihnen bei ihrer Ankunft von dem Opfer berichtete, stimmten diese mit Freuden zu. Aber statt Erleichterung stellten sich neue Zweifel ein. Meinten diese Könige es wirklich ehrlich mit ihm oder waren sie nur auf eigenen Vorteil bedacht? Die Zeit bis zur Ankunft Vasudewas (Krishnas) schlich quälend langsam dahin.

Aber hatte Nara ihm nicht noch mehr gesagt? Langsam fielen ihm jetzt alle seine Worte wieder ein. Wort für Wort wiederholte er die Ratschläge Naras, und jetzt spürte er erst, welche Kraft von ihnen ausging, wenn er sich nach ihnen richtete, so lebte, wie sie es vorschlugen.

Ein Gefühl großer Dankbarkeit gegenüber Nara ergriff den König immer mehr, und von Tag zu Tag wurde sein Leben geordneter und ruhiger. Er bereitete sich vor, in aller Besonnenheit seine Entscheidung zu treffen.

Als Vasudewa (Krishna) eintraf, hatte sich seine Verzweiflung, sein Erschrecken, in Zuversicht gewandelt, und er beriet sich ausführlich mit seinem göttlichen Freund. Vasudewa (Krishna) riet ihm zu dem Opfer, um den Willen der Götter zu erfüllen, und er begann gleich einen Plan auszudenken, dieses Opfer zu ermöglichen.

Jarasanda sei der mächtigste König weit und breit. Er habe schon 86 andere Könige gefangengenommen und wolle sie alle dem Gott Shiva zum Opfer bringen, wenn er die Zahl hundert erreicht habe. Dieser Schreckensherrscher würde niemals einen anderen als sich selbst als Kaiser sehen wollen. Es galt also zunächst, diesen zu besiegen.

Krishna wußte jedoch, daß Jarasanda in einem Krieg unbesiegbar war. Um ihn zu töten, konnte man nur den Zweikampf wählen. Die anderen Pandawabrüder kamen zu dem Ergebnis, daß Vasudewa (Krishna) mit seiner Klugheit, Arjuna mit seiner Siegesgewissheit und Bima mit seiner Stärke Jarasanda bezwingen könnten.

Nach diesen Überlegungen beschloß Yudhistira, das Amt eines Kaisers anzustreben, um das Opfer feiern zu können. Er schickte also, wenn auch schweren Herzens, die drei Männer zu Jarasanda, um diesen zu bezwingen. Nach einer kurzen Zeit der Vorbereitung machten sich die drei Helden auf den Weg, begleitet von den Gebeten des ganzen Königreiches.

Bei Jarasanda

Hochmut kommt vor den Fall

Mutig schritten die Drei ihres Weges. Sie hatten sich in die langen Priestergewänder der Brahmanen gehüllt und sich damit unter den Schutz Gottes gestellt. Unterwegs begrüßte man sie mit Ehrfurcht und behandelte sie als heilige Männer, wenn auch ihr heldenhaftes Äußeres mehr auf die Zugehörigkeit zur Kaste der Könige und Krieger hinwies. Sie schritten unerkannt zügig voran, überquerten reißende Flüsse, stiegen über hohe Berge, wateten durch morastige Sumpfgebiete und quälten sich durch dichtes Gebüsch näher zu ihrem Ziel.

Endlich sahen sie die Stadt Jarasandas vor sich liegen. Sie verschnauften eine Weile und schauten auf die Vielzahl der Tempeltürme, welche trotzig gen Himmel ragten. Die Dächer des Königspalastes und vieler Häuser funkelten und blitzten golden im Sonnenlicht, und ihr Strahl war so hell, daß die Männer ihre Blicke senken mußten, um nicht geblendet zu werden. Um die Stadt zog sich eine gewaltige Mauer mit vielen Türmen. Auf deren Wehrgängen blitzten immer wieder die Waffen der Soldaten auf, die dort in Scharen die Stadt bewachten. Von allen Himmelsrichtungen führten Straßen zu den mächtigen Toren. Vollbeladene Kaufmannskarren näherten sich ihnen, um Einlaß zu finden.

Auch die drei Helden verließen das unwegsame Gelände und benutzten eine der bequemen Alleen, die auf das Haupttor zuführte. Die Wächter ließen die drei heiligen Männer in die Stadt, ohne nach deren Begehr zu fragen. Waren doch die letzten Brahmanenpriester wegen der Greueltaten ihres Königs schon seit langem aus der Stadt fortgezogen. Diese drei Priester schienen Boten des Glücks zu sein, von den Göttern gesandt. Die Bürger verneigten sich vor ihnen und lächelten ihnen scheu zu.

Ansonsten aber bemerkten die drei Fremden, daß über allen Menschen hier eine besondere Verschlossenheit und Gedrücktheit lag. Kein Kinderlachen, kein Schelten der Marktweiber, die vor ihren prall gefüllten Tischen standen, kein fröhliches Zurufen oder gar ein Scherz erfüllten die Stille. Prächtig lockten die Waren in ihrer Fülle, und durch die Luft schwebten Düfte von mannigfaltiger Komposition.

„Diese Leute sind reich, aber sie haben verlernt, sich zu freuen", bemerkte Vasudewa.

Arjuna setzte hinzu: „Man kann es hier deutlich merken: Angst hat die Freude vertrieben. Wie schrecklich muß dieser Gewaltherrscher sein!"

Die drei Priester schritten auf den Palast zu, als führe sie der Weg ganz selbstverständlich hierhin. Die Soldaten salutierten und ließen sie ungehindert passieren. Nun standen sie vor dem dritten, dem letzten Palasttor. Schon wollte Arjuna hindurchschreiten, als Vasudewa ihn beiseite zog.

„Komm folge mir!" flüsterte er und bog zu einem Nebentor ab.

Die Soldaten wunderten sich über die drei Priester, welche nicht durch das Haupttor, das Ehrentor, hineingehen wollten. Aber es stand ihnen als Wächter nicht zu, die Männer Gottes in ihrem Verhalten zu beeinflussen und ihnen Vorschriften zu machen. So sahen sie, wie die Fremden durch ein kleines Tor in das Palastinnere gelangten.

Sogleich wurden die Ankömmlinge von Soldaten in Empfang genommen. Vasudewa ließ sich vor den König bringen. Dieser freute sich, endlich wieder einmal Priester in seinen Mauern begrüßen zu können, trat ihnen voller Hochachtung entgegen und hieß sie herzlich in seinem Schloß willkommen. Vasudewa nahm die Ehrung von Jarasanda dankend an und sagte: „Hoher König, wundert Euch nicht über die Schweigsamkeit meiner beiden Gefährten. Sie haben ein Gelübde abgelegt, nicht vor heute um Mitternacht zu sprechen."

Der König wies den Priestern eines der prunkvollen Gästezimmer zu und ließ sie mit allen nur möglichen Annehmlichkeiten versorgen.

Pünktlich um Mitternacht klopfte Jarasanda an die Tür der Pandawas. Nach einer kurzen Begrüßung stellte er fest, daß seine Gäste nichts von den Erfrischungen, welche auf dem Tisch lagen, angerührt hatten. Erstaunt schaute er sie fragend an.

Nun ergriff Vasudewa das Wort. „Großer König, habt Ihr nicht bemerkt, daß wir durch das falsche Tor in deinen Palast gelangt sind? Wir sind nicht als deine Freunde hier, sondern als deine Feinde. Darum haben wir auch nichts von deinen Speisen genommen."

Jarasanda schaute verwundert auf: „Was habe ich euch getan, daß ihr als Feinde hier seid? Ich kenne euch nicht einmal. Das muß ein Irrtum sein!"

Vasudewa entgegnete: „Wir sind keine Brahmanen, sondern gehören der Kaste der Könige und Krieger an. Ihr habt 86 Mitglieder unserer Kaste gefangengenommen und wollt diese töten. Wir fühlen uns mit ihnen verbunden und sind gekommen, um sie zu befreien."

Jarasanda wies darauf hin, daß er alle Könige im Kampfe besiegt habe und sie deshalb in seiner Gewalt seien. Ferner habe er sie dem Gott Shiva als Opfer versprochen. Vasudewa ließ sich auf nichts ein und forderte die unverzügliche Herausgabe der Gefangenen.

Das Gesicht des Tyrannen verfinsterte sich: „Wenn ihr die Könige haben wollt, müßt ihr um sie kämpfen. Wünscht ihr eine Schlacht zwischen unseren beiden Heeren oder den Zweikampf?"

Vasudewa, der wohl wußte, daß Jarasanda in einer Schlacht nach dem Willen der Götter unbesiegbar war, forderte den Zweikampf.

Hohnlachend schleuderte der Herrscher ihnen die Frage entgegen. „Soll ich gegen einen von euch kämpfen oder gleichzeitig gegen alle drei?“

Kühl antwortete Vasudewa: „Ihr habt die Wahl.“

Jarasanda entschied sich für Bima, da er ihm als der Stärkste und damit als der zum Kampfe Würdigste erschien.

Man wartete nicht lange, stürmte in die große Empfangshalle, in der noch die Lichter brannten und ging aufeinander los. Der König war viel stärker, als Bima gedacht hatte. So hörte man nur das Keuchen der beiden Kämpfer. Bald schien der eine die Oberhand zu behalten, bald der andere. Auch merkte der König schnell, daß er die Kräfte Bimas gewaltig unterschätzt hatte. Es war ein Kampf auf Leben und Tod. Sie schlugen mit den Fäusten, traten mit den Füßen, umklammerten sich mit den Armen. Sie sprangen in die Höhe, wälzten sich auf dem Boden, griffen an und verteidigten sich. Vasudewa merkte, daß der mit einer solchen Anstrengung geführte Kampf nicht mehr von langer Dauer sein konnte. Er schrie Bima an, noch einmal all seine Kraft zusammenzunehmen. Bima folgte, stürzte sich auf seinen Gegner, hob ihn hoch und wirbelte ihn vielleicht hundertmal in der Luft herum. Dann schleuderte er den benommenen Feind krachend zu Boden, setzte sein Knie auf ihn und erdrückte ihn. Mit einem gewaltigen Schrei, der bis an die Grenzen der Stadt drang, starb der schreckliche Tyrann.

Vom Kampfeslärm erwacht waren alle Bewohner des Palastes und der Stadt herbeigeeilt. Als sie entdeckten, daß ihr gewalttätiger Herr tot war, brach ein nicht enden wollender Jubel los. Die Leute schrien und tanzten wie verrückt. Die Last der Unterdrückung der vergangenen Jahre fiel jäh von ihnen ab, und man stürzte sich auf die drei Helden, um ihnen zu danken. Die aber bestiegen den Kampfwagen des verstorbenen Tyrannen und lenkten ihn durch die begeisterte Menschenmenge zum Gefängnis. Die Wächter leisteten erst gar keinen Widerstand und öffneten bereitwillig die Gittertüren zu den Zellen. Heraus taumelten die gefangenen Könige in die Freiheit und konnten ihr plötzliches Glück gar nicht fassen. Es dauerte eine Weile, bis sie verstanden, was geschehen war, und voll Dankbarkeit ihre Befreier umarmten.

Vasudewa setzte den Sohn des Tyrannen als König ein und versicherte sich dessen Freundschaft. Dann zogen Befreier und Befreite nach Hause zurück, und keiner war unter ihnen, der nicht in Freundschaft vom anderen schied. Vasudewa und die beiden Pandawabrüder kehrten mit der Gewißheit in ihre Reiche zurück, daß sie das größte Hindernis für das Rajasuya-Opfer beseitigt hatten.

Auch die anderen Pandawas waren ausgezogen, um sich der Ergebenheit der umliegenden Staaten zu versichern. Sie kehrten mit zehntausend Kamelen zurück, welche auf ihren Rücken die herrlichsten Schätze als Geschenke der Königreiche trugen. Nun war die Zeit für das Rajasuya-Opfer, das Pferdeopfer, gekommen.

Das Rajasuya-Opfer

Die Vorbereitung der Gastfreundlichkeit

Die Priester aller Tempel der Stadt eilten in Scharen mit ihren wallenden Gewändern zum Palast des Yudhistira. Von den Tempeln erklangen die Gongs, und bald trug der Wind aus dem königlichen Saal den gewaltigen, wie Meeresdonner erklingenden Gesang der Tausenden von Priestern zu den Ohren der aufgeschreckten Leute. Ein großes Ereignis kündete sich an. Stunden vergingen. Die Einwohner der Stadt rannten aufgeregt hin und her und versammelten sich schließlich vor den Toren des Königspalastes. Stand ein Krieg bevor, war eine Seuche ausgebrochen?

Endlich öffnete sich ein Portal, ein Herold sprengte mit seinem Pferd heraus und verkündete der wartenden Menge mit lauter Stimme, daß der König auf Geheiß der Priester das Rajasuya-Opfer zu verrichten gedenke. Da ging ein Brausen des Beifalls und der Freude durch die Reihen, und zu gerne waren alle Bürger der Stadt bereit, sich mit allen Kräften an der Vorbereitung des Festes zu beteiligen.

Die Häuser der ganzen Stadt wurden in Ordnung gebracht. Selbst die unscheinbarsten Zimmer in den ärmlichen Häusern wandelten sich zu farbenprächtigen Gemächern. Die Luft war erfüllt vom Hämmern der Handwerker. Auf schweren Wagen rollten die vielen Waren herbei, welche man an die Gäste zu verkaufen gedachte. Bei all ihrer Arbeit bemerkten die Bürger sehr wohl, wie täglich immer wieder aufs neue Scharen von Herolden aus dem Königspalaste herausgaloppierten, um eine Fülle von Gästen einzuladen.

Fürwahr, das Fest schien gewaltig zu werden. Vor den Augen der Städter wuchsen Gebäude in nie gesehenen Ausmaßen heran, um das Opfer im gebührenden Rahmen darbringen zu können und den vielen Fremden Platz zu gewähren. Daneben entstanden riesige Scheunen, um die erwarteten Geschenke aufzunehmen.

Dann endlich verkündete der Hörnerklang der Herolde das Eintreffen des ersten königlichen Gastes. Die Leute rannten an die Straßen, um den Ankömmling gebührend zu empfangen. Zuerst kamen die Fußsoldaten, welche ihre Lanzen mit bunten Fahnen geschmückt hatten. Hinter ihnen trabte in den bunten Reiteruniformen die Kavallerie. Dann schloß sich eine unübersehbare Menge von Elefanten an. Auf ihren Rücken standen in großen Körben buntgekleidete Adelige und warfen Blumen und andere Geschenke in die jubelnde Menge. Dann folgten die Herolde mit ihren Fanfaren. Auf dem letzten und größten Elefanten saß auf einer Art goldenem Thron der König, huldvoll auf die begeisterten Menschen herabblickend. Ein Lächeln strahlte auf seinem Gesicht. Hinter ihm, getragen in Sänften, winkten die anmutigsten und schönsten Frauen des Orients den Zuschauern zu. Dann folgte eine unzählbare Schar von schwer mit Gastgeschenken beladenen Kamelen. Den Abschluß bildeten wieder die Fußsoldaten. Es dauerte lange, bis sich der Zug durch die ganze Stadt zum Palast des Yudhistira bewegt hatte, und die Einwohner der Stadt waren vor lauter Zurufen schon ganz heiser.

Ähnliches geschah jetzt fast täglich, und die Leute kamen aus dem Staunen nicht heraus. Zudem lief das Geschäft gut an. Die vielen Gäste waren frohgemut und taten sich beim Geldausgeben sehr leicht. So konnte man abends in der Stadt gar manchen heimlich beim Geldzählen erwischen und danach vergnügt seine Schlafstätte aufsuchen sehen.

Alle geladenen Gäste waren nun da, auch die Kurawas. In gewaltigem Zug begab man sich zur Opferstätte. Die Priester sangen, Weihrauchschwaden tauchten die betende Menschenmenge in ihre Nebel und durchdrangen sie mit heiliger Andacht. Die Schläge des Gongs erfüllten die gewaltige Arena und mischten sich mit den lauten Gebeten der Pilger. Wie ein Orkan stieg das Gebet zum Himmel auf und riß alle mit, die es vernahmen.

Das Opfer

Die Ehre gilt nur Gott allein. Er hilft den Seinen.

Dann kam das Opfer. Nur der Mächtigste durfte das Pferd opfern. Yudhistira stand auf dem Altar inmitten der Arena. Vor ihm an Strikken festgehalten das Pferd. Ein edles Tier. Es schaute ihn voll Entsetzen an. Es zitterte vor Angst. Er durfte das Tier nicht abschlachten. Er sollte es opfern. Woher sollte er die Kraft dazu nehmen? Er war doch nur ein Mensch. Vor ihm das angstgequälte Tier, sein Lieblingspferd. Er spürte, wie mit einem Mal sich Stille über die Arena legte, atemlose Stille. Er sollte seine Macht zeigen und war doch so schwach.

Plötzlich spürte er, wie Kraft von oben auf ihn hinabströmte, ihn durchströmte. Er war in diesem Augenblick ein Diener Gottes, sein Werkzeug. Er fühlte einen Strom von Ruhe durch sich hindurchziehen. Diese kraftvolle Ruhe hatte er schon oft in Fasten und Meditation erfahren. Aber nun wuchs diese Kraft über ihn hinaus. Er schaute seinem Pferd in die Augen. Seine Ruhe strömte auf das Tier über. Kaum bemerkte er, daß die Helfer die Stricke losließen. Dieses göttliche Strömen, welches ihn mit dem Tier verband. Wollte das Tier schlafen? Mit unendlicher Liebe erlöste er das Tier von seinem Erdendasein.

Eine Weile der Stille noch. Dann brandete gewaltiger Jubel auf. Yudhistira war wie benommen. Galt der Jubel ihm? Es war doch Gott, der durch ihn seine Kraft hatte wirken lassen. Für eine Weile war er mit dem Ewigen verbunden gewesen. Das würde er nie vergessen. So lächelte er noch ganz abwesend, als man ihm von allen Seiten die Hände entgegenstreckte, um ihm für den friedlichen Tod des Pferdes zu danken und Anerkennung dafür auszusprechen. Er hatte die Macht Gottes erfahren und wirken lassen. Mochten seine Gäste ruhig anders darüber denken. Er wußte es besser und lächelte.

Ein Zwischenfall

Der Krug geht so lange zum Wasser, bis er bricht.

Am nächsten Tag war zum Abschluß der Feier ein Blumenopfer vorgesehen, mit dem man den angesehensten Gast ehren wollte. Erwartungsvoll nach den so ereignisreichen Tagen saßen die Gäste miteinander plaudernd im gewaltigen Rund der Arena. Wer sollte wohl die Auszeichnung durch den Kaiser erfahren? Alle waren neugierig, als Yudhistira sich erhob und sein Wort an Bisma (Devabrata) richtete. Mit lauter Stimme schlug dieser Krishna vor, der sich in Vasudewa verkörpert hatte. Viele der Anwesenden wußten das und nickten zustimmend. Einer der Kurawas erhob sich plötzlich und begann, sich diesem Vorschlag zu widersetzen. Er beschimpfte mit lauter Stimme Vasudewa und Yudhistira. Vasudewa und Bisma (Devabrata) versuchten, den vor Zorn außer sich geratenden Kurawa zu besänftigen. Vergeblich. Sein Geschrei und seine Anschuldigungen wurden immer unerträglicher und begannen die Feier des Gottesdienstes zu sprengen. Vasudewa versuchte zu drohen. Als auch das nichts half, erhob er seine Waffe und tötete den aufgebrachten Kurawa. Sogleich waren Ruhe und Frieden wiederhergestellt, zumal Yudhistira auf der Stelle eine prachtvolle Beerdigung versprach. Man beendete die Feier mit einem Gebet, und langsam schickten sich die Gäste an, den Heimweg anzutreten. Bis in die fernsten Winkel Asiens drang die Kunde von der wunderbaren Feier und der Gastfreundschaft Yudhistiras.

Bima erfährt eine traurige Geschichte

Wer nur auf eigenen Vorteil bedacht den Willen Gottes nicht achtet, wird bestraft.

Bima war der Zwischenfall doch zu Herzen gegangen, und vor allem hatte er sich dabei gewundert, warum man den Schreier so lange hatte gewähren lassen. So wandte er sich an Bisma, seinen Onkel, der augenscheinlich mehr wußte.

Dieser erzählte ihm: Als Gendari die Kurawas zur Welt gebracht hatte, war unter ihnen ein Junge, welcher seine Mißgestalt nicht wie seine Brüder verloren hatte. Eines Tages kam der Onkel von Gendari, Vasudewa, zu Besuch, um ihre Kinder zu betrachten. Man brachte ihm auch den mißgestalteten Knaben. Voller Liebe hob der Mann den Kleinen auf seinen Arm und sprach mit ihm. Das Kind spürte die Zuneigung des alten Mannes, wandte sich ihm zu, lächelte ihn an und begann sich ganz langsam in eine wohlgestaltete menschliche Form zu verwandeln. Große Freude verbreitete sich im ganzen Palaste. Vor allem die Eltern des so wundersam geheilten Sohnes konnten Vasudewa gar nicht genug danken.

Dennoch fiel ein Schatten auf ihre Freude. Die Alten im Palaste erzählten sich nämlich, daß derjenige, welcher das Kind geheilt habe, es später auch töten werde. Die besorgte Mutter bestürmte ihren Onkel, das Leben ihres Sohnes zu schonen. Der aber beruhigte die Mutter, indem er ihr versprach, hundert Schmähungen von ihm hinzunehmen, ohne sich zur Wehr zu setzen. Die Mutter konnte sich nicht vorstellen, daß es jemals zu einer solchen Zahl von Beleidigungen gegen den ehrwürdigen alten Mann kommen würde, und war guten Mutes.

Mit der Zeit war aus dem jungen Kurawa ein stolzer Mann geworden, der zielstrebig nur auf seinen Vorteil bedacht war. Durch Fleiß, aber auch mit Hinterlist verschaffte er sich nach und nach Vermögen und damit auch Ansehen.

Eines Tages wurde er zum König eines Nachbarvolkes gewählt. Sein Streben nach Macht und Genuß war damit jedoch nicht zufrieden gestellt. Er verlangte nach mehr. So überfiel er die Begleiter eines anderen Königs, beraubte und tötete sie. Er entführte die Gattin eines Verwandten und vergewaltigte sie. Er verkleidete sich als Bräutigam und erlangte unter falschem Namen Zutritt zu einer der schönsten Prinzessinnen des Landes. Selbst eine der Frauen Vasudewas versuchte er gewaltsam an sich zu reißen. Seine Gier kannte keine Grenzen.

Es kam, wie es kommen mußte. Bei der Opferfeier war das Maß der Untaten dieses Mannes übervoll, mit seinen unzähligen Beleidigungen schmähte er Vasudewa so lange, bis dieser dem Hochmut nach dem Willen der Götter ein plötzliches Ende bereitete.

Duryudhana im Palaste des Yudhistira

Schadenfreude, die den anderen entehrt, ist nicht die reinste Freude und bewirkt Unheil.

Duryudhana wollte mit seinem Troß genau wie die anderen Gäste wieder nach Hause zurückkehren, doch Yudhistira bat: „Bleib noch länger bei uns! Wir sind doch Vettern und haben uns viel zu erzählen. Bisher hatten wir wegen der vielen Festgäste kaum Gelegenheit, ein Wort miteinander zu sprechen. Das können wir jetzt in Ruhe nachholen, außerdem hast du dann genügend Zeit, meinen Palast eingehend zu besichtigen."

Duryudhana, der schon so viel Wunderbares von dem neuen Bauwerk gehört hatte, war neugierig und versprach, noch länger zu bleiben. Schnell war der Umzug vom Gästehaus zum Palast bewerkstelligt. Duryudhana warf sich auf das große weiche Bett seines riesigen Schlafzimmers und genoß den frischen Windzug, den die Diener ihm zufächelten. Er betrachtete die goldverzierten Spiegel, die kostbaren Seidentapeten, die herrlichen Gemälde, als sich die Tür öffnete und ein Diener die Ankunft Yudhistiras meldete. Die beiden Verwandten begannen ein kurzweiliges Gespräch. Dabei tranken sie köstliche Erfrischungen und aßen dazu die süßesten Leckereien und Früchte. Dann begleitete Yudhistira seinen Gast und zeigte ihm die vielen Räumlichkeiten und den großen, wundervoll gestalteten Park mit seinen Wasserspielen. Duryudhana kam aus dem

Staunen nicht heraus und war froh, daß er noch geblieben war. Nach einem gemeinsamen Abendessen legte er sich zu Bett, zu welchem ihn die schönsten Dienerinnen begleiteten. In dieser Nacht träumte er, er sei im Himmel. Als er am Morgen seine Augen aufschlug, gewahrte er seine wundervolle Umgebung, die seinem Traum in keiner Weise nachstand.

Nachdem er sich erfrischt und gestärkt hatte, machte er sich voll Entdeckerfreude allein auf den Weg, um den Palast in Ruhe zu genießen. Die Schönheit der ganz verschieden gestalteten Räume, Säle und Flure versetzten ihn in ein Gefühl der Hochgestimmtheit und ließen seinen Gang schwebend leicht werden. Er betrat nun eine große Halle, durch deren riesige Öffnungen sich das Tageslicht ergoß und alles mit seiner Helligkeit verzauberte. Er blickte zu Boden. Silbern blinkte es vor ihm auf. Kühlendes Wasser für seine Füße. Er schürzte seine Gewänder und trat hinein. Aber was war das ? Wo er Wasser erwartet hatte, leuchtete trockener, spiegelnder Kristall. Beschämt um sich schauend, ließ er schnell seine hochgehobenen Kleider fallen und tat so, als ob nichts gewesen wäre. Da hörte er hinter sich ein trockenes, hämisches Gelächter. Erschrocken schaute er sich um. Bima schüttelte sich vor Lachen und verspottete ihn lauthals. Das traf ihn wie ein Faustschlag und riß ihn jäh aus seiner Harmonie. Mit einem Mal standen all die Gehässigkeiten und Streitereien vergangener Jugendtage wieder vor ihm. Wie hatte er nur so dumm sein können, all die Widerwärtigkeiten zu vergessen. Völlig verstört suchte er Zuflucht in seinem Zimmer und jagte durch die langen Flure. Er wollte durch ein Tor hindurcheilen und schlug mit voller Wucht seinen Kopf gegen eine Glastür, die er nicht gesehen hatte. Er spürte einen stechenden Schmerz an der Stirn und fühlte, wie Blut über sein Gesicht rann. Und wieder drang das hämische, trockene Gelächter von Bima auf ihn ein: „In deinem Dorf kennt man wohl keine Türen!?“

Wut statt Scham stieg in ihm hoch. Behandelte man so einen Verwandten und Gast? Am liebsten hätte er sich auf Bima gestürzt, aber er besann sich im letzten Augenblick eines Besseren: „Ich bin Gast hier und außerdem viel schwächer als Bima.“

Dann ließ er sich ruhelos in sein Bett fallen und von den Dienern behandeln. Nein, hier war kein Ort des Friedens und der schönen Harmonie. „Morgen fahre ich weg." Mit diesem Gedanken schlief er voller Enttäuschung ein.

Am anderen Morgen wurde er durch eine zarte Frauenstimme geweckt. Er öffnete seine Augen und sah vor sich ein wunderschönes Mädchen, das ihm die Ankunft Yudhistiras ankündigte.

Yudhistira trat zum Bett seines Vetters, ergriff seine Hand und sprach: „Ich habe von den Vorfällen gestern nachmittag gehört. Ich möchte mich bei dir dafür entschuldigen. Das Verhalten meines Bruders Bima war wirklich verabscheuungswürdig. Ich habe mit ihm ein sehr deutliches Wort gesprochen, und er hat mir versichert, daß so etwas nie wieder vorkommen werde."

Duryudhana ließ sich schließlich erweichen zu bleiben, zumal er die großen, sehnsüchtigen Augen des jungen Mädchens auf sich gerichtet sah, die seinen Unmut in Sanftheit verwandelten. Die Vettern verabschiedeten sich herzlich voneinander. Nach der Morgentoilette und einem königlichen Frühstück machte er sich wieder auf den Weg zu einem anderen Palastflügel. Heute war er jedoch vorsichtiger und kritischer. Bei aller Pracht, die seine Augen ergötzte, vergaß er nie, daß er sich im Palast seiner ungeliebten Vettern befand. So stutzte er auch, als er vor sich eine ähnlich gestaltete Halle wie die vom gestrigen Unglückstage sah. Der Fußboden glänzte genau so kristallen. Aber diesmal wußte er Bescheid. Forschen Schritts ging er auf den silberglänzenden Boden zu, um ihn zu betreten. Aber seine Füße wurden jäh gebremst, und er fiel vornüber ... ins Wasser. Seine Kleider wurden schwer, und er wankte verdrossen an den Beckenrand zurück. Aufs Neue hatte er sich geirrt. Was war das nur für ein Schloß! Da hörte er mit einem Male das scheußliche Lachen von gestern. Bima hatte wieder auf der Lauer gelegen. Ohne ihn eines Blickes zu würdigen, ging Duryudhana auf sein Zimmer zurück, stieß die über ihn witzelnden Bediensteten zur Seite, rief seine eigenen Diener herbei und verließ ohne ein Wort des Abschieds wutentbrannt seine ungastliche Bleibe.

Das verhängnisvolle Würfelspiel – Ein schändlicher Plan

Wer in sich ruht, seine Wurzeln in Gott hat, lässt sich nicht durch andere aus dem Gleichgewicht bringen. Wer sich an andere hängt, bleibt immer abhängig und friedlos.

Schnell waren die Wagen mit den Reisegepäck beladen, die Pferde aus den Ställen geholt, und schon setzte sich der Zug in Bewegung. Ehe Yudhistira bemerkte, was geschehen war, hatte sich sein Vetter schon auf den Weg gemacht und jagte in rasender Fahrt mit düsterem Gesicht seiner Heimat zu. So böse hatten seine Begleiter ihn noch nie gesehen. Immer wieder trieb er sie zur Eile an und schimpfte vor sich hin. Endlich war der Troß in der Heimat angelangt. Duryudhana stürzte aus seinem Reisewagen und eilte ohne Gruß in den Palast.

Voller Freude hatte sein blinder Vater vom Balkon aus die Ankunft seines Sohnes gehört. Gleich mußte sich die Tür zu seinem Gemach öffnen, Duryudhana auf ihn zueilen und ihn umarmen. Aber nichts dergleichen geschah. Der König wartete ungeduldig eine ganze Weile. Vergeblich. So ließ er nach den Begleitern seines Sohnes rufen und erfuhr, was diesem bei den Pandawas widerfahren war. Wahrhaftig, nun stieg auch in ihm selbst die Wut über das Verhalten seiner Neffen hoch. Sie hatten seinem ganzen Hause Schmach angetan. Nun wußte er, wie es seinem Sohn zu Mute sein mußte, und er eilte unverzüglich zu ihm, um ihn zu trösten und Mut zuzusprechen. Aber er erschrak darüber, in welchem Zustand er seinen Sohn vorfand. Verzweifelt starrte dieser vor sich hin und wiederholte monoton immer die gleichen Worte: „Ich will sterben. So kann ich nicht weiterleben." Der Vater legte ihm die Hände auf die Schultern und drückte ihn wortlos an sich.

Da brach es aus Duryudhana hervor: „Alle Könige dieser Welt huldigen Yudhistira, bringen ihm die schönsten Geschenke, bejubeln alles, was er tut, mag es auch noch so schlecht sein. Schau, selbst seine Diener wagten es dreist, sich über mich lustig zu machen. Kann man mich noch mehr demütigen? Dabei stamme ich doch vom ältesten Sohn meines Großvaters Abiyasa ab und bin daher vom Rang her höhergestellt als er."

Sein Vater suchte ihn zu besänftigen und machte ihm klar, daß er doch alles habe, was er sich nur wünschen könne: Reichtum jeder Art und Ansehen in seinem Reich.

„Damit kann und will ich mich nicht zufrieden geben. Kennst du nicht die Worte des weisen Mannes aus dem Altertum, der da sagt, daß das Leben eines Herrschers nicht mit dem Leben eines gewöhnlichen Menschen zu vergleichen sei. Zufriedenheit beschere dem einfachen Bürger Glück, für den Herrscher aber bedeute diese Untergang."

„Mein Sohn, laß mich den Sinn erklären: Der Herrscher soll immer danach trachten, das Wohl seines Reiches zu mehren und jeden Schaden von ihm abzuwenden. Ist er mit dem erreichten Zustand seines Landes zufrieden, ohne sein weiteres Gedeihen rastlos zu fördern, dann werden andere kommen, ihn stürzen und versuchen, es besser zu machen. Aber Junge, dies trifft doch nicht auf dich zu. Du bist doch nur unzufrieden und neidisch aus reinem Egoismus. Mit deiner Eifersucht verdirbst du dein eigenes Leben. Nimm doch Vernunft an!"

„Ach Vater verzeih, du bist wie ein Suppenlöffel, der die Suppe nicht schmecken kann und nur weitergibt. Du hast viele Bücher gelesen, wie mir scheint, ohne deren Inhalt zu verstehen. Nein, ich will und kann nicht im Schatten meines Vetters leben. Mir bleibt nur noch der Tod!"

Nun versuchte der Vater, ihn auf andere Weise umzustimmen: „Schau, die Pandawas sind deine Verwandten. Wann immer du in Not bist, werden sie dir helfen. Sei doch froh, daß du so mächtige Beschützer hast, in deren Armen du sicher bist. Hacke dir nicht selber diese Arme ab, indem du dir die Pandawas zu Feinden machst."

Kopfschütteln und Stöhnen waren die einzige Antwort.

Jetzt mischte sich Shakumi ein. Er war Duryudhanas Onkel mütterlicherseits, der wegen seiner außergewöhnlichen Schläue ein ständiger Berater der Königsfamilie war und die ganze Zeit das Gespräch verfolgt hatte: „Ich kann euch beiden helfen, und ich weiß einen Weg, den Pandawas all ihren Reichtum und all ihren Besitz zu nehmen und ihn euch zu verschaffen. Dann werdet ihr über die Pandawas herrschen können und sie sogar selbst als euer Eigentum haben, mit dem ihr schalten und walten könnt, wie ihr es nur wollt. Wäre das keine Rache für euer erlittenes Unheil?"

Vater und Sohn mochten diese Worte zuerst nicht glauben, hörten dann aber immer interessierter zu.

„Ihr wißt, daß Yudhistira dem Glücksspiel verfallen ist, wenn er einmal damit angefangen hat. Dabei ist er ein schlechter Spieler. Ich hingegen bin ein Meister im Falschspiel und kann jeden Wurf im voraus berechnen. Ich werde also ein Spiel zwischen ihm und mir arrangieren. Das weitere könnt ihr euch selbst ausmalen. Überlaßt alles nur mir, und in kurzer Zeit wird keiner mehr an eure Schmach denken."

Vater und Sohn hörten zunächst ungläubig zu, aber Shakuni redete so überzeugend, daß die beiden alle Hemmungen fallen ließen und in den schändlichen Plan einwilligten.

Vorbereitungen zum Glücksspiel

Trau, schau wem

Man kam nun als erstes überein, einen prächtigen und luxuriösen Palast zu bauen, um für das kommende Glücksspiel den richtigen Rahmen zu schaffen und auch nicht zuletzt, um Yudhistira neugierig auf das neueste Bauwerk der Kurawas zu machen. Die besten Architekten des Landes planten einen Palast, der selbst die verwöhnten Pandawas beeindrucken mußte. Ein herrliches Gebäude entstand. Es ruhte auf unzähligen Marmorsäulen, die mit ihren edlen Formen die große Halle umringten. Golden glänzten die Dachbalken, und silbern schimmerte der Boden aus Kristall. Eine stetige Brise zog durch die geöffneten Seitenwände und kühlte alle, die sich im Palast befanden. Die Kunde von diesem unvergleichlich kostbaren Palast verbreitete sich in Windeseile über das ganze Land. Von überall strömten die Leute herbei, um dieses Wunder an Schönheit zu besichtigen. Und es war keiner, der nicht voll des höchsten Lobes nach Hause zurückkehrte. So blieb es nicht aus, daß auch Vidura von dem neuen Unternehmen der Kurawas erfuhr. Er ließ sich zu seinem Bruder Destarasta bringen und fragte ihn nach dem Sinn und Zweck dieser neuen Aktion: „Was soll diese Geheimniskrämerei? Werde ich doch sonst immer als erster in all Deine Pläne eingeweiht, und mein Rat wird dazu eingeholt. Was ist geschehen?“

Destarasta versuchte Vidura zu beruhigen, indem er ihm alles erzählte, was sich in letzter Zeit zugetragen hatte. Doch das Gegenteil trat ein.

„Das Schlimmste, was Dir passieren kann“, stieß Vidura erregt hervor, „ist, die Pandawas zu besiegen, wenn es auch nur im Spiel ist. Sie werden ihre ganze Macht und Stärke ausspielen und dich anschließend vernichten. Laß dieses Spiel nicht zu, es wird dein Untergang sein.“

Mit diesen Worten verließ Vidura den verdutzten und nachdenklich gewordenen Bruder. Destarasta war verzweifelt. Er ließ nochmals seinen Sohn kommen und versuchte mit allen Mitteln, ihn von seinem Plan abzubringen, indem er ihm erklärte, was Vidura gesagt hatte. Vergeblich.

Duryudhana stellte ihn vor die Wahl: „Willst du mich verlieren oder auf den Rat Viduras hören? Die Eifersucht zerfrißt mich, ohne dieses Spiel werde ich mich töten.“

Voll schwerer Sorgen und böser Ahnungen gab der Vater seinem Sohn nach.

Nach einigen Tagen Bedenkzeit ließ Destarasta Vidura zu sich kommen und teilte ihm mit, daß er sich entschlossen habe, die Pandawas zum Würfelspiel einzuladen, um seinen Sohn zu retten. Er, Vidura, sei der richtige Mann, um die offizielle Einladung zu überbringen und gleichzeitig persönlich den Pandawas von einem Kommen abzuraten.

Vidura machte sich also auf die Reise und lud Yudhistira zur Besichtigung des neu erbauten Palastes und dessen Einweihung durch ein Würfelspiel ein. Auch die Pandawas hatten natürlich von dem neuen Palast der Kurawas gehört und brannten vor Neugierde, dieses Wunder der Baukunst zu besichtigen. Yudhistira willigte sofort ein. Auch ein Spiel mit dem Vertreter Duryudhanas war ihm willkommen. Vergeblich versuchte ihn Vidura davon zu überzeugen, daß er besser der Einladung nicht folge, da sein Gegenspieler

Shakuni als der größte Falschspieler im ganzen Lande bekannt sei. Yudhistira meinte, er dürfe keine Feigheit zeigen und müsse sich als Mann von hohem Adel jeder Herausforderung stellen.

So wurden in aller Eile die Sachen gepackt, und die Pandawas machten sich mit einem prächtigen Wagenzug in Begleitung ihrer Familie und vieler buntgekleideten Reiter auf die Reise.

Die Ankunft der Pandawas im neuen Palast der Kurawas war ein einziges Fest. Man sah nur strahlende Gesichter. Die Pandawas freuten sich über den prächtigen und freundschaftlichen Empfang. Das neue Bauwerk übertraf an Schönheit bei weitem ihre Erwartungen. Darüber hinaus empfingen die schönsten Mädchen aus aller Herren Länder die Gäste und kümmerten sich in liebevollster Weise um deren Wohl. Die Pandawas glaubten, im Paradies zu sein, und ließen alle Bedenken und jede Vorsicht fahren. Die Kurawas freuten sich, daß ihr großartig arrangierter Empfang so gefiel und die Gäste den neuen Palast mit seiner Umgebung unbekümmert in vollen Zügen genossen. In den nächsten Tagen trafen noch viele bedeutende Männer mit ihrem Gefolge ein, und es herrschte nur Jubel und Frohsinn.

Dann näherte sich der Tag, den man für das Spiel angesetzt hatte.

Das Spiel beginnt

Glücksspiel ist ein Laster und kann viel Unheil bringen

Schon früh am Morgen weckten die Gongs alle Schläfer. Nach der Morgentoilette nahm man hastig das Frühstück ein, denn zu groß war die Erwartung auf das Spiel. Selbst für die liebreizenden Mädchen hatten die Besucher kein Auge mehr. In Scharen zog man zum Palast. Inmitten der großen Halle sah man den Tisch mit den Würfelbechern und Würfeln. An zwei gegenüberliegenden Seiten des Tisches standen die Stühle für die Spieler, etwas dahinter die prächtigen Sessel für die Würdenträger und Schiedsrichter. Im Hintergrund waren die Plätze für die zahlreichen Zuschauer aufgebaut. Die Menge erhob sich schweigend, als die Spieler mit ihrem Gefolge eintraten. Noch einmal erklärte Vidura die Spielregeln und ermahnte die Spieler zur Ehrlichkeit. Die Diener nahmen ihre Positionen neben den Spielern ein. Als Gast durfte Yudhistira zuerst würfeln und den Einsatz bestimmen. Wie es üblich war, begann er mit kleinem Einsatz: ein paar Geldstücken. Man würfelte, und Yudhistira gewann. Er vermehrte den Betrag und gewann wieder. Was war nur mit Shakuni los. Der saß da mit gleichgültigem Gesicht und verlor bei jedem Wurf. Yudhistira hatte jetzt richtig Gefallen an seinem Spielglück gefunden. Bald vergaß er alles um sich und strich mit vor Freude und Aufregung gerötetem Gesicht und zitternden Händen das gewonnene Geld ein. Yudhistira setzten nun seinen ganzen Staatsschatz mit allen Gold und Silbermünzen ein. Shakuni hielt mit dem seinen dagegen. Die Würfel rollten. Pech für Yudhistira. „Das nächste Mal gewinne ich", rief er sich selber Mut machend und setzte seinen Streitwagen ein. Wieder verlor er, aber der Verlust trieb ihn zu neuem Spiel an. Er setzte alle seine Sklavinnen ein und verlor auch diese. Verflixt, was für ein Pech. Dabei hatte doch alles so gut angefangen. Sein Glück würde schon wiederkommen, ging es ihm blitzartig durch den Kopf, und er verlor bei jedem Wurf. Sein Gesicht war nicht mehr rot vor Erregung, es war bleich geworden vor Schreck und Enttäuschung. Aber jetzt wollte er nicht nachgeben. Er mußte Shakuni besiegen, gerade jetzt, wo sich scheinbar alle Götter gegen ihn verschworen hatten. Er mußte es schaffen. Da stand plötzlich Vidura auf und gebot mit lauter Stimme eine Pause. Nach einer Weile nahm er Duryudhana zur Seite und mahnte ihn mit besorgter Stimme, das Spiel jetzt abbrechen zu lassen. Die Pandawas würden fürchterliche Rache nehmen, wenn sie im Spiel verlören. „Sie werden euch alle vernichten."

Aufgebracht fuhr Duryudhana Vidura an und überhäufte ihn mit Schimpfworten und Beleidigungen. Er war jetzt im Siegertaumel und wollte seinen Triumph bis zum Ende auskosten.

„Das Spiel geht weiter!" schrie er mit lauter Stimme. „Komm Yudhistira, oder hast du etwa Angst bekommen? Bist du ein Feigling, der sich drücken will?"

„Das hast du nicht umsonst gesagt", erwiderte Yudhistira, „jetzt gewinne ich."

Aber es kam ganz schnell anders. Im Spielwahn verlor Yudhistira seine Stadt, sein Land, den Besitz aller seiner Untergebenen. Nun begann er der Reihe nach seine Brüder zu verpfänden und zum Schluß sich selbst. Er war nun Sklave des Duryudhana genau wie seine Brüder.

„Ich habe nichts mehr", stöhnte Yudhistira in heller Verzweiflung.

Shakuni sprach jetzt mit erhobener Stimme, damit alle in der Halle es hören konnten: „Ich setze alles, was ich von dir gewonnen habe, wenn du deine Frau Drupadi zum Einsatz gibst!"

Das war für Yudhistira die allerletzte Chance, und er verlor auch Drupadi. Nun ging ein Raunen durch den Saal. Alle waren sehr erregt über das katastrophale Spielende für die Pandawas. Nur die Kurawas jubelten und fielen sich in die Arme. Ihre Freudenschreie durchtönten den ganzen Palast.

Drupadis Erniedrigung

Man darf den Bogen nicht überspannen

Drupadi war Böses ahnend in ihrem Gemach geblieben und hatte sich geweigert, die Pandawas zu begleiten. Voller Angst lief sie in ihrem Zimmer hin und her und rief mit lauter Stimme die Götter um Erbarmen an. Die Götter mußten ihrem Mann beistehen. Er war so gut, von allen geliebt und geachtet. Sein einziger Fehler war seine Spielleidenschaft. Durften die Mächte des Himmels es zulassen, daß die elenden Kurawas diesen einzigen Fehler für ihre hinterlistigen Pläne mißbrauchten? Drupadi lauschte nach draußen. Vereinzelt erklangen Rufe der Bewunderung. Hatte ihr Mann doch eine Chance von den Göttern bekommen? Dann wurde es mit einem Male ganz still. Die Sekunden schlichen qualvoll dahin. Wäre sie nicht doch besser mitgegangen? Da plötzlich erhoben sich laute Jubelrufe, ein Gegröle und Geschrei erfüllte das Land. Einzelne hysterische Frauenstimmen kreischten: „Ein Hoch auf Duryudhana!" Da wußte Drupadi, daß ihr Mann verloren hatte. Verzweifelt ließ sie sich auf einen Stuhl fallen. Es klopfte an der Tür ihres Gemaches. Herein trat der Kämmerer.

„Was gibt es?“ rief sie ihm entgegen. Doch an dem düsteren Gesicht des Mannes erkannte sie, daß ihre Befürchtungen wahr geworden waren.

„Hohe Herrin“, begann der Kämmerer, „ich muß Euch mitteilen, daß Euer Mann alles verspielt hat, ja sogar seine Brüder und zuletzt sich selbst.“ Nach einer Pause fügte er noch mit leiser Stimme hinzu: „Zuallerletzt noch hat er Euch als Einsatz genommen und verloren. Ihr seid jetzt mit den Pandawa-Brüdern Eigentum und Sklaven von Duryudhana. Er bittet Euch, zu sich in die Halle zu kommen, damit er allen seinen Gewinn zeigen kann!“

Drupadi fiel mit einem Schrei des Entsetzens zu Boden.

Als sie aus ihrer Ohnmacht erwachte, wußte sie, daß sie jetzt ganz stark sein mußte. Sie, die Oberherrin des mächtigsten und größten Reiches dieser Erde, war die Beute dieses niederträchtigen Schurken geworden, der sich mit ihr brüsten wollte. Nie würde sie ihm zu Willen sein.

So begann sie mit fester Stimme den Kämmerer zu beauftragen: „Geh zu deinem Herrn und laß ihn fragen, ob ich wirklich zuallerletzt zum Spieleinsatz gekommen bin, oder ob ich schon vor Yudhistira von ihm verspielt wurde.“

Der Kämmerer begab sich in die Halle und wiederholte mit erhobener Stimme die Frage von Drupadi.

Es begann nun eine tumultartige Diskussion. Im Stimmengewirr versuchte jeder, den anderen an Lautstärke zu übertrumpfen. Duryudhana in seiner Gier, die schöne und berühmte Frau vor aller Augen zu besitzen, wollte nicht länger warten. Er winkte seinen Bruder herbei und befahl ihm, Drupadi sofort zu bringen, und sei es mit Gewalt. Der Bruder eilte unverzüglich los, drang unangemeldet in das Gemach von Drupadi ein und befahl ihr, auf der Stelle mitzukommen. Die verzweifelte Frau bat, sich wenigstens standesgemäß anziehen zu dürfen, da sie nur mit einem großen Tuch bekleidet sei. Statt einer Antwort stürzte sich der Unhold auf sie, ergriff ihre langen schwarzen Haare und zerrte sie hinter sich her in die Versammlungshalle. Mit einem Mal wurde es ganz ruhig. Alle starrten auf die mißhandelte Königin, und der Bruder ließ sie los.

Die in all ihrem Elend noch erhaben wirkende Adelige fragte mit fester Stimme alle Anwesenden: „War es so, daß Yudhistira erst sich selbst und dann mich aufs Spiel gesetzt hat, wie mir berichtet wurde, so hat Duryudhana kein Anrecht auf mich; denn Yudhistira hat als Sklave sein Recht auf Besitz verwirkt und kann besitzlos gar nicht um mich spielen."

Nun begann ein Sturm der Entrüstung bei den Kurawas und ihren Anhängern. Alle wollten sich in ein rechtes Licht setzen und argumentierten zu Gunsten Duryudhanas. Nur dessen junger Bruder verkündete mit lauter Stimme, daß Drupadi Recht habe und nicht den Kurawas gehöre. Der Lärm schwoll nun unerträglich an. Statt einer Antwort ergriff nun auf Geheiß Duryudhanas ein Verwandter das Tuch, in das sich Drupadi gehüllt hatte, um sie gewaltsam zu entkleiden. Mit einem Mal herrschte Totenstille in der Halle. Drupadi betete, flehte zu den Göttern, man möge ihr die Schmach ersparen, nackt vor der gaffenden Menge und dem lüsternen Duryudhana zu stehen. Das Tuch fiel nun zu Boden. Ein „Oh" ging durch die Menge, unter dem Tuch befand sich ein zweites Tuch. Tuch auf Tuch fiel zu Boden, doch Drupadi blieb bekleidet. Mit gierigen Augen hatte Duryudhana dem grausigen Spiel zugeschaut. Er konnte seine Gier nicht mehr beherrschen und entblößte einen Teil seines Körpers, um Drupadi sein Verlangen nach ihr zu zeigen und dadurch das ihrige zu wecken. Als Bima das sah, stieß er einen furchtbaren Fluch aus und schwor bei den Göttern, dafür Duryudhana später zu entmannen. Im gleichen Augenblick begann ein Schakal laut und durchdringend zu heulen. Eine Schar Geier stimmte ein garstiges Gekreische an, das durch Mark und Bein ging.

Wieder herrschte Totenstille, denn jeder wußte: Dies sind die Zeichen für ein hereinbrechendes, schreckliches Unheil.

Ein zweites Spiel

Vom Edelmut einer Frau

Destarasta fand als erster sein Wort. Er trat zu Drupadi und sprach ruhig mit beherrschter Stimme: „Edle Herrin, als König dieses Landes möchte ich dir einen Wunsch gewähren; denn ich habe mit großer Betrübnis bemerkt, daß mein Sohn Duryudhana die Grenzen des Anstandes weit überschritten hat. Sagt mir, was Ihr Euch wünscht!"

Drupadi bat um die Freilassung ihres Mannes Yudhistira.

„Es sei Euch gewährt. Ihr habt noch einen Wunsch frei", fuhr Destarasta weiter fort.

Drupadi wünschte für sich die anderen Pandawabrüder und deren Waffen und Streitwagen.

„Auch dies sei Euch gewährt. Ihr habt noch einen dritten Wunsch frei."

Drupadi entgegnete: „Einer Frau von meinem Adelsstand stehen nur zwei Wünsche zu, wenn sie ihr Gesicht nicht durch gemeine Habgier verlieren will. Daher begnüge ich mich mit dem, was ich bereits von dir zugesagt bekommen habe."

Ein Raunen ging durch die Menge. Jeder bewunderte die vornehme Gesinnung dieser Frau von unvergleichlicher Schönheit. Dann brachte man die Pandawabrüder herbei. Man umarmte sich unter Tränen.

Yudhistira trat nun vor Destarasta und sprach: „Wir erkennen Euch als König an. Was dürfen wir für Euch tun?"

Der König antwortete: „Zieht nach Hause, vergeßt allen Streit und lebt künftig in Frieden!"

Nachem die Pandawas dies versprochen hatten, machten sie sich mit ihren Gefolge auf die Heimreise.

Während dieser ganzen Zeit hatten die Kurawas atemlos vor Schrecken zugehört. Hatte doch ihr Vater sie um die Früchte ihres Spieles gebracht.

Kaum waren die Pandawas davongezogen, stürzten sie sich auf ihren Vater und machten ihm die bittersten Vorwürfe: „Was bist du doch so dumm. Du hast mit deiner Friedfertigkeit unsere Vernichtung eingeleitet. Die Pandawas werden zu Hause ein Heer sammeln, mit diesem zurückkommen und uns in einem schrecklichen Krieg vernichten; nicht nur uns, sondern auch alle Bewohner unseres Landes, die an dieser Sache nun wirklich unschuldig sind."

Nun mischte sich Shakuni ein: „Fordert Yudhistira zu einem einzigen Wurf in einem allerletzten Spiel auf. Stimmt er zu, so bekommt er zuvor alle verlorenen Spieleinsätze zurück und kann ungebrochenen Stolzes sein Land betreten. Bei diesem letzten Spiel geht es nur um zwölf Jahre Verbannung. Verliert er, so müssen die Pandawas für zwölf Jahre in die Verbannung gehen. Verlieren die Kurawas, so gilt für sie das Gleiche. Anschließend soll noch ein dreizehntes Jahr hinzukommen, in dem sie keiner erkennen darf. Sonst müssen die Verlierer noch einmal für zwölf Jahre verbannt werden. Wenn Ihr so handelt, werden die Pandawas alt und schwach sein, bevor sie sich wieder hierher wagen dürfen, und wir sind vor ihnen sicher."

Alle weisen Männer rieten von diesem Plan ab, aber Destarasta stimmte zu und schickte Boten aus, um die Pandawas zurückzuholen. Es kam alles, wie es Shakumi vorausgesagt hatte. Yudhistira wollte nicht als Feigling gelten, spielte und verlor.

Die Pandawas formierten sich sogleich zum Zug zu ihrer Heimatstadt, um von dort aus in die Verbannung zu ziehen. Nur ihre Mutter Kunti sollte nicht mit, weil sie zu alt für das entbehrungsreiche Leben im Urwald war. Ihr Schwager Vidura wollte sie zu sich auf sein Schloß nehmen und dort für sie sorgen. Es war ein herzzerreißender Abschied zwischen der Mutter und ihren Söhnen. Sie wußten nicht, ob sie sich noch einmal wiedersehen würden. Sie umarmten sich, und unter Tränen segnete Kunti noch einmal ihre Söhne, stellte sie unter den Schutz der Götter. Dann setzte sich der Zug in Bewegung. Noch lange schaute die Mutter ihren scheidenden Lieben nach, bis das Winken der Arme im Blau des Himmels verschwand.

Buch III

Die Pandawas gehen in die Verbannung

Der Abschied

Das rechte zu tun, ist oft sehr schwer

Wie ein Lauffeuer hatte sich die Kunde von der Verbannung der Pandawas über das ganze Land verbreitet. Als nun die lange Schlange der Rückkehrenden aus der Ferne von den Städtern gesichtet wurde, liefen sie auf die Straßen, um die Pandawas ein letztes Mal zu begrüßen. Aber obwohl alle Häuser mit bunten Fahnen und Blumen geschmückt waren, mochte keine Freude aufkommen, denn jeder wußte, daß bald neue Herren in diese Stadt einziehen würden. Manch einer der wackeren Männer ging den Pandawas entgegen und mahnte sie, nicht in die Verbannung zu ziehen und statt dessen einen Krieg gegen die Kurawas vorzubereiten. Alle Männer dieser Stadt seien bereit, mitzukämpfen. Yudhistira wehrte jedoch entsetzt ab: „Ich habe mich dazu verpflichtet zu gehen, und ich werde gehen."

Nur nach wenigen Tagen kam der Abschied. Alles, was Beine hatte, begleitete die kleine Schar der Verbannten. Als sie an die Stadtgrenze kamen, blieb Yudhistira stehen, wandte sich seinen Untertanen zu und sprach mit bewegter Stimme: „Ich weiß nun, wie sehr ihr mich liebt und daß ihr am liebsten bei mir bleiben würdet. Aber wir müssen uns jetzt trennen, kehrt nach Hause zurück und haltet die Stadt in Ordnung, bis wir nach dreizehn Jahren wiederkommen, so Gott will."

Dann folgte ein langes Händelschütteln und Umarmen mit jedem einzelnen Begleiter. Besonders schmerzlich war der Abschied von den alten Leuten, die ein ganzes Leben im Einklang mit ihrer Herrschaft verbracht hatten und wußten, daß sie sich wohl nie mehr wiedersehen würden. Nun ging alles sehr schnell. Die kleine Gruppe gab den Pferden die Spore und verschwand mit gesenkten Häuptern im Wald. Die große Menge der verlassenen Bürger aber zog in ihrer Trauer schweigend zur Stadt zurück.

Auf der Suche nach einer Bleibe

Überall ist Gottes Haus

Mittlerweile war es schon Nachmittag geworden, und die Sonne neigte sich dem Horizont zu. Bald würde die Nacht anbrechen. So traf es sich gerade gut, daß man auf einen großen Fluß stieß. Hier konnte man baden und sich vom Staub und Schweiß des Tages befreien, derweil die Diener Feuer anzündeten, um ein einfaches Mahl zu bereiten. Nach dem Essen fiel man müde und erschöpft zu Boden, bedeckte sich mit leichten Tüchern, um die zahllosen Mücken abzuwehren, und ließ sich vom leisen Plätschern des Wassers in den Schlaf leiten. Am frühen Morgen begrüßten die Tiere im Wald mit lautem Rufen und Singen den neuen Tag. Etwas steif vom harten Boden reckten die Schläfer ihre Glieder und blinzelten in die strahlende Sonne, die vom Himmel auf das kleine Völkchen herabschien und es mit ihren Strahlen nach der kühlen Nacht erwärmte. Die Priester waren schon lange aufgestanden und sangen mit lauter Stimme ihre Morgengebete. Die Pandawas erfrischten sich im klaren Wasser des Flusses und stimmten in das morgendliche Gotteslob der Priester ein. Nach dem Gebet nahm man das karge Frühstück ein, das Drupadi für sie bereitet hatte, und machte sich sogleich auf den Weg, den einige Späher schon vorher erkundet hatten. Es war kein leichter Marsch durch den Urwald. Vom Himmel brannte die Sonne nunmehr unbarmherzig heiß auf die kleine Schar der Wanderer herab. Vorweg gingen stets einige Männer und schlugen mit langen Schwertern eine Gasse in das dichte Zweiggestrüpp. Dann folgten die Soldaten, Träger, Diener und die Pandawas. Den Schluß bildeten wieder einige Soldaten. Man kam nur langsam vorwärts, und der Schweiß floß in Strömen. Manches Mal dachte besonders Drupadi, wie schön angenehm kühl es jetzt in ihrem Schloß daheim war. Aber sie schwieg, um das Los der Verbannung durch ihre Klagen nicht noch unerträglicher zu machen. Um die Mittagszeit ließ sich der Trupp erschöpft zu Boden fallen. Nachdem man sich ein wenig ausgeruht hatte, schlugen die Männer Feuerholz, und die Frauen kochten zu Mittag. Dann legte man eine längere Pause ein, weil es unerträglich schwül geworden war. Bevor es Abend wurde, war man aber schon wieder aufgebrochen. So dauerte der beschwerliche Marsch mehrere Tage lang, bis sich eines Tages vor ihren Augen der Urwald lichtete. Mit einem lauten „Oh" blieben sie plötzlich stehen. Vor ihnen lag ein großer See, der bedeckt mit rosa Lotosblumen zum Himmel strahlte. Wie Flamingos leuchteten die Blumen und wiegten sich in dem glasklaren Wasser. „Einen schöneren Platz als hier gibt es nicht mehr. Hier wollen wir bleiben. Müssen wir auf die Annehmlichkeiten unseres Schlosses verzichten, so entschädigt uns dafür diese herrliche Umgebung. Die Götter haben uns nicht vergessen und sind um unser Wohl besorgt", sagte Yudhistira.

Nun begann ein emsiges Arbeiten. Bäume wurden gefällt, der Boden geglättet, kleine Pfade angelegt und Hütten gebaut. Als alles fertig war, opferten sie, und die Priester segneten und weihten mit Blumenwasser ihre neue Heimat.

Die Zeit war angefüllt mit Kochen, Jagen, Säubern, Holzholen und Vorratshaltung. Außerdem widmeten sich die Pandawas bei ihren Priestern einem intensiven Studium der Heiligen Schriften.

Unerwarteter Besuch

Ein Mann, ein Wort

Eines Morgens nach dem Frühstück gingen die Pandawas zur Jagd. Die Fleischvorräte waren zu Ende gegangen. Deshalb hatte man in der letzten Zeit mit gegrilltem Fisch aus dem See vorlieb genommen.

So herrlich der frische Fisch aus dem reinen Wasser auch schmeckte, so wollte man jetzt doch etwas Abwechslung in den Speiseplan bringen, und die Männer waren voller Unternehmungslust mit ihren Waffen zum Jagen in den Wald geeilt. Die Frauen saßen vor den Hütten am See und wuschen unter Erzählen und munterem Lachen Wäsche. Alle waren so guter Dinge, daß selbst Drupadi, die in ihrem Leben noch nie ein Wäschestück zum Waschen angefaßt hatte, alle Mühen ihrer Verbannung einen Augenblick lang vergaß und herzlich mitlachte. Plötzlich schauten die Frauen verwundert auf. Ein kleines Boot kam mit heftigen Ruderschlägen auf sie zu. Sie strengten ihre Augen an. Wer mochte wohl in dem Boot sein? Waren es Feinde? Gerade jetzt, wo die Männer fort waren. Dann aber beruhigten sie sich schnell, als sie ein freundliches Winken vom Boot her erkannten und plötzlich sahen, daß es einige der Diener waren, die sie in ihrer Heimatstadt zurückgelassen hatten. Die Männer sprangen ans Land und begrüßten voller Wiedersehensfreude ihre Herrschaft. Nach einem kleinem Mahl setzte man sich nieder und begann Neuigkeiten auszutauschen. Aus der Heimat kamen keine guten Nachrichten. Die Kurawas hatten das Land und die Hauptstadt besetzt und regierten mit harter Hand. Die Bürger litten unter hohen Abgaben, die sie ihren ungeliebten Herren schuldeten, und sie sehnten sich nach den alten Zuständen zurück. Überall sähe man mürrische und unzufriedene Gesichter, und Gerüchte gingen um, in denen von geplantem Krieg und Aufständen die Rede war. Alle ohne Ausnahme seien bereit, in einem Krieg gegen die Kurawas zu kämpfen. Man warte nur auf einen Befehl von Yudhistira. Mit ernster Mine hörten die Frauen diese schlimmen Nachrichten. Wären nur Yudhistira und die Seinen wieder zurück! Aber die vergnügten sich ahnungslos bei der Jagd und waren fern. So luden die Frauen ihre Gäste zum Verweilen ein, bis die Männer zurück seien. Gegen Abend trafen diese dann auch gut gelaunt ein, denn sie hatten viel Wild erlegt. Wie erstaunt waren sie, als sie die Neuankömmling gewahrten.

Als sie die Berichte ihrer Diener gehört hatten, sprach Yudhistira mit entschlossener Stimme: „Nie werde ich jetzt in einen Krieg gegen die Kurawas einwilligen. Ich werde mein Gelübde halten, wie es einem Manne meiner Stellung zukommt. Geht morgen früh in die Stadt zurück und teilt meinen Bürgern meinen festen, unumstößlichen Beschluß mit!"

Am nächsten Morgen verabschiedeten sich die Gäste mit großer Wehmut. Wie gerne wären sie zusammen mit den Pandawas zurückgekehrt. „Ihr müßt noch die Jahre unserer Verbannung abwarten. Dann kommen wir wieder zurück, so Gott will!" Man winkte noch lange, bis das Boot verschwunden war. Die Frauen seufzten tief auf, aber sie wagten nicht, ihren Männern zu widersprechen und andere Vorschläge zu machen.

Bald stellte sich der gewöhnliche Tagesablauf wieder ein. Ein Tag verging wie der andere. Und dieses langweilige Leben sollten sie noch viele Jahre aushalten, nur weil Yudhistira sein Versprechen halten wollte?

Da schmetterten eines Morgens helle Hörner über den See. Kreischend flogen die Wasservögel auf. Dieser Lärm trieb alle Hüttenbewohner voll Neugierde zum Seeufer. In der Ferne sahen sie eine große Anzahl von Booten, aus denen etwas in der Sonne golden aufleuchtete, es waren die Waffen von Soldaten. Aber ehe bei den Siedlern Schrecken aufkommen konnte, gewahrten sie die Fahnen auf den Schiffen, welche gegen den blauen Himmeln mit ihren bunten Farben leuchteten und jedermann zeigten, daß der königliche Schwager der Pandawas anrückte. Was für eine Überraschung. Man winkte und rief sich Worte der Begrüßung zu. Dann lag man sich in den Armen. Groß war die Freude auf beiden Seiten. Doch bald war der Sturm der Wiedersehensfreude der nüchternen Erkenntnis gewichen, daß man sich auf dem Gelände von Verbannten befand. Wie armselig waren die Hütten, die Mahlzeiten, die Kleidung, kurz die ganze Umgebung. Die königlichen Gäste bekamen einen großen Schrecken.

„Ihr müßt fort von hier! Laßt uns gemeinsam gegen die unmenschlichen Kurawas kämpfen und sie besiegen!“ riefen sie zornentbrannt.

„Halt!“entgegnete Yudhistira mit schneidender Stimme, „ihr könnt euch alle weiteren Worte sparen. Ich habe ein Versprechen gegeben, und daran werde ich mich halten!“

Die Neuankömmlinge merkten wohl, daß es keinen Sinn hatte, weiterzureden, und schwiegen. Bald begann man von anderen Dingen zu erzählen und sich für die Nacht einzurichten. Die Diener schleppten mächtige Zelte und Decken aus den Booten und eine Fülle von Nahrungsmitteln herbei. Man saß gemeinsam um das Feuer, aß von den mitgebrachten Leckereien und sang und schwatzte bis in die späte Nacht hinein. Beim Abschied am nächsten Morgen versprachen die Scheidenden, regelmäßig mit einem Boot die Dinge zu schicken, die es in der Wildnis nicht gab. Auch blieben einige Soldaten zum Schutz zurück, wenn die Pandawas das auch ablehnten. Man konnte doch nicht sicher genug vor den Kurawas sein. Diese Soldaten bauten für sich und ihren Familien noch mehr Hütten. Eines Tages fanden sie Lehmboden, begannen Ziegel zu brennen und bauten richtige Steinhäuser. Noch viele Gäste kamen und manche von ihnen blieben.

Drupadi führt ein bedeutungsvolles Gespräch

Zwischen Ja und Nein gibt es in Asien meistens noch eine dritte Möglichkeit

Eines Morgens saß Yudhistira auf einem gefällten Baumstamm am See und blickte über das weite Wasser, über das der Nebel wallte. Er saß da für sich allein und hing seinen Gedanken nach. Drupadi gewahrte ihn so, als sie aus ihrer Hütte trat. Was hatten die Kurawas nur aus ihnen gemacht? Als Verbannte mußten sie jetzt tatenlos ihre Zeit in dieser entlegenen Gegend verbringen, während andere in ihren Städten und Palästen das Leben so gestalten konnten, wie sie es wollten, dachte sie.

Wie so oft wurde sie von heftigem Zorn wegen dieser Ungerechtigkeit ergriffen. Aufgeregt stürzte sie sich auf ihren Mann und fast ohne, daß sie es wollte, begann sie mit lauter Stimme ihr trauriges Los zu beklagen und über die hinterlistigen und unbarmherzigen Kurawas zu schimpfen: „Untätig sitzt du hier herum. Sei ein Mann, zieh in den Krieg und vernichte deine schändlichen Vettern!"

Yudhistira anwortete seiner aufgebrachten Frau mit ruhiger Stimme: „Beruhige dich und handle nicht im Zorn. Denk daran, wenn du zornig bist, vergißt du alles, was wertvoll ist, und zerstörst es in deiner Leidenschaft. Nein, Zorn bringt Zerstörung. Nur Friedfertigkeit ist der Boden, auf dem das Gute gedeihen kann."

„Du magst ja recht haben", wandte Drupadi ein, „aber das Gute geschieht in der Regel nicht von selbst, es muß getan werden. Wenn du nur müßig hier herumsitzt, kann doch nichts Gutes entstehen. Im Gegenteil, im Müßigang entwickelt sich alles rückwärts zum Schlechten."

Durch das laute Gespräch angelockt kam Bima hinzu und mischte sich ein: „Mein Bruder, du weißt genau, daß dich deine Vettern im Spiel betrogen haben. Du brauchst daher auch nicht dein Versprechen zu halten."

Yudhistira lächelte verständnisvoll: „In meinem Handeln richte ich mich nach dem, was richtig ist, ohne auf die schlechten Taten anderer zu achten und mich durch sie in meiner Handlungsweise bestimmen zu lassen. Nur der Sklave beurteilt sein Handeln nach dem Ergebnis, dem Vorteil für sich selbst. Der Edle handelt nur nach dem Maßstab der Tugend, ohne nach den Folgen zu schielen. Ich werde mich also an mein gegebenes Versprechen halten."

Bima und Drupadi waren ratlos und gingen schweigend und nachdenklich weg. Aber Yudhistira war nachdenklich geworden und entschloß sich schließlich, seinen Bruder Arjuna auszusenden, um sich göttliche Waffen von Shiva geben zu lassen, um unbesiegbar zu sein, wenn es später einmal zum Kampf kommen sollte.

Arjuna begibt sich auf Wanderschaft

Der kluge Mann baut vor; Weisheit ist das höchste Gut

Yudhistira rief am nächsten Morgen seinen Bruder Arjuna zu sich und teilte ihm seine Pläne mit. Sofort war Arjuna bereit, dem Willen seines Bruders nachzukommen. Er erhielt den Segen der Priester, seiner Frau und seiner Brüder und machte sich mit den nötigsten Waffen versehen auf den Weg. Voller Tatendrang eilte er seiner Aufgabe entgegen, bot sich ihm doch nunmehr eine nur zu willkommene Abwechslung in seinem eintönigen Leben in der Verbannung. Er schlug mit seinem Schwert eine Bresche ins Dickicht der Zweige, hangelte sich mit Hilfe von Lianen über Flüsse und kämpfte sich unermüdlich durch den Regenwald. Doch langsam begannen seine in der Zeit der Ruhe gesammelten überschüssigen Kräfte zu schwinden. Sein Fortkommen wurde langsamer, aber dafür auch überlegter. War er zunächst nur geradeaus losgestürmt, so bestimmte er jetzt sorgsam die Himmelsrichtung nach den Gestirnen und nach der Art des Moosbewuchses an den Baumstämmen des Waldes. Vor ihm stand stetig der Befehl, vom höchsten Gott die Waffen zu erbitten, die ihn im Kampfe unbesiegbar machen konnten. Er war von diesem Wunsche so durchdrungen, daß er ganz vergaß, wie es geschehen sollte. Dabei fühlte er sicher, daß er seinen Auftrag mit Erfolg zu Ende bringen würde. Mit dieser Gewißheit wanderte er viele Tage mühselig seinem Ziel entgegen, dem hohen Berg, dessen Gipfel in den Wolken verschwand, hinter denen sich die Götter verbargen. Hier mußte er die Waffen von den Göttern erflehen. Eines Nachmittags, es begann schon dunkel zu werden, sah er am Rande einer Lichtung Rauch aufsteigen. Hier mußten Menschen wohnen. Vielleicht konnte er auch die Nacht bei ihnen verbringen und nach dem vielen Alleinsein ihre Gesellschaft genießen. Unwillkürlich beschleunigte er seine Schritte und stand bald vor einer kleinen Holzhütte. Auf einer Bank davor saß ein alter Mann und briet auf offenem Feuer seine Abendmahlzeit. Froh trat Arjuna aus dem Unterholz und begrüßte den Alten. Dieser freute sich auch und lud den Fremden zur Rast und zum Mahl ein. Bald begann ein lockeres Gespräch, welches sich mehr und mehr dem Zweck der langen Wanderung des Jünglings näherte. Als der Einsiedler erfuhr, daß Arjuna sich auf den beschwerlichen Weg nur wegen Waffen gemacht hatte, schüttelte er verwundert den Kopf.

„Nimm doch nicht so viel Strapazen auf dich nur wegen ein paar Waffen. Es ist viel besser, dein Leben zu genießen. Ich kann dir die schönsten Vergnügungen verschaffen. Schinde dich doch nicht für Waffen ab, das Leben ist zu schade für ein solch törichtes Tun." Mit weiteren Worten versuchte der Eremit seinen Gast von seinem Vorhaben abzubringen.

Arjuna schüttelte verneinend seinen Kopf: „Selbst die schönsten Genüsse können mich nicht von meinem Vorhaben abbringen."

Da merkte der alte Mann, wie ernst es dem Ankömmling war, und er sprach nicht mehr davon. Man legte sich zur Ruhe, und Arjuna genoß es, endlich wieder einmal in einem richtigen Bett zu liegen. Er fiel in tiefen Schlaf. Als er am Morgen aufwachte, strahlte sein Zimmer von hellem Glanz, so daß er geblendet die Augen schloß. Langsam blinzelte er vorsichtig und öffnete schließlich seine Augen ganz. Vor ihm stand der Einsiedler. Aber wie hatte er sich verwandelt: Ein Gott stand vor ihm, schenkte ihm ein Schwert und zeigte ihm die Richtung zu dem hohen Berg, wo er die göttlichen

Waffen von Batara Guru erhalten sollte. „Ich wollte nur prüfen, wie ernsthaft du dich um die Waffen bemühst. Du hast die Probe bestanden. Mein Segen wird dich begleiten.“

Frohgemut zog Arjuna auf seinem Weg weiter. Schließlich kam er in eine dichte Wildnis, welche ein rasches Fortkommen verhinderte. Mühsam bahnte er sich seinen Weg mit dem Schwert. Der Schweiß rann in Bächen, aber Arjuna dachte nicht daran aufzugeben. Endlich sah er vor sich den Berg aufragen: Ein dunkel grauer Vulkankegel erhob sich majestätisch gegen das Blau des Himmels. Er war von einer schier unermeßlichen Höhe. Von seiner Spitze quollen schwarze Rauchschwaden und aus seinem Innern erdröhnten Donnerschläge. Für einen Augenblick blieb Arjuna erschrocken stehen – diesen düsteren Bergriesen sollte er ersteigen – und betrachtete voll Entsetzen die gewaltigen, nackten Steinwände. Mit einem Mal wußte er, daß er mit seiner normalen Kraft nie diesen Berg ersteigen konnte, um die Waffen zu erhalten. So ließ er sich im Angesicht dieses drohenden Berges nieder und begann, sich auf eine lange Meditation vorzubereiten. Arjuna meditierte lange – wie lange, konnte er nicht sagen, da er jegliches Zeitgefühl verloren hatte – und fühlte, wie in ihm bisher nie erfahrene Kräfte aufstiegen, die ihn mit Zuversicht erfüllten. Aber immer noch stand das Felsmassiv drohend und gewaltig vor ihm. Er meditierte weiter. Die Gewißheit, diese Waffen zu erlangen, wuchs und wuchs. Eines Morgens sprang er auf und eilte den Berg hinauf. Er kletterte am glatten Fels hoch ohne Zögern. Er spürte nicht mehr den tödlichen Abgrund. Sein Ziel zog ihn empor, wenn auch sein Atem keuchte und die Glieder schmerzten. Weiter, weiter, weiter. Dann hatte er den Rand des Bergkraters erreicht. Aus dessen Innern quollen stechende Gaswolken, welche ihn zum Husten brachten und ihm die Luft nahmen. Doch weiter. Hinter einem Felsvorsprung sank er zu Boden.

Dann vernahm er die Donnerstimme des Bataru Guru, des höchsten Gottes: „Ich habe gesehen, wie sehr du die göttlichen Waffen begehrst. Ich habe gesehen, mit welcher Kraft und Geschicklichkeit du hierher gelangt bist. Ehe ich dir die Waffen gebe, will ich dir etwas schenken, was viel wertvoller ist als das, was du erstrebst. Meine Gabe wird dich befähigen, die göttlichen Waffen in der rechten

Weise zu gebrauchen. Es ist der Schatz meiner kostbaren Lehren, welche dir die Kraft verleihen, daß dein Leben zum Heil für dich und deine Mitmenschen wird. Darum höre wohl:

1. Der Edle sei wie die Erde.

Stetig und zuverlässig. Nicht wankend bei jeglicher Versuchung, immer gleichbleibend in Freundlichkeit und Güte.

2. Der Edle sei wie das Wasser.

Wie das Wasser zu den Niederungen fließt und die Pflanzen erquickt, so möge er bescheiden und demütig sein und den Durst seiner Mitmenschen nach Frieden und Weisheit stillen. Des Zornes Hitze möge er mit Besonnenheit und Ruhe kühlen.

3. Der Edle sei wie der Wind.

So wie der Wind überall hingelangt, so habe der Edle ein Ohr für die Kümmernisse und Sorgen seiner Mitbürger und möge erkennen, was sich wirklich zuträgt, ohne auf Geschwätz und Gerüchte hereinzufallen.

4. Der Edle sei wie der Ozean.

Unermeßlich grenzenlos sei seine Liebe und Hilfsbereitschaft. So wie das Meer den Schlamm der Flüsse in sich aufnimmt und absetzen läßt, so geduldig möge er alle Beschwerden und Bosheiten annehmen und prüfen; danach den anderen verstehend seine Entscheidung in Weisheit treffen.

5. Der Edle sei wie das Feuer.

Es verbrennt alles, was sich ihm nähert, und führt es auf seine Urbestandteile zurück. So möge das Urteil des Edlen der Sache auf den Grund gehen, das Böse beseitigen und den Täter auf den Weg zur Wahrheit führen.

6. Der Edle sei wie die Sonne.

So wie die Sonne Leben spendet, so möge der Edle großzügig zu jedermann sein und keinen Lohn dafür erwarten.

7. Der Edle sei wie der Mond.

So wie der Mond mit seinem sanften Licht die Nacht erhellt, so möge der Edle mit seinem Frieden und seiner Warmherzigkeit die Dunkelheit des Bösen durchscheinen.

8. Der Edle sei wie die Sterne.

Er errichte Ideale, zu denen er aufblicken kann. Sie erhellen seinen Weg selbst bei den größten Widerwärtigkeiten und Versuchungen.“

Arjuna hörte ergriffen diese Worte, welche sich wie mit Meißelschlägen tief in sein Herz einprägten. Von ihnen ging dabei eine solche Kraft aus, daß er sich wie ein Baum aufrichtete und alle Widerwärtigkeiten des Aufstiegs dahinschwanden. Sein Antlitz begann zu strahlen. In dieser Haltung nahm Arjuna die göttlichen Waffen entgegen und hatte damit seinen Auftrag erfüllt. Wie ein strahlender Sieger trat er seine Heimreise an, nachdem er noch eine Zeit bei den Göttern verbracht hatte. Seine Familie war ihm schon entgegengegangen und empfing ihn mit Freude und Stolz.

Böse Pläne werden vereitelt

Der Mensch denkt, Gott lenkt

Der blinde König Desterasta hatte derweil eine schwere Zeit: Furchtbare Sorgen quälten sein Herz. Er wußte, daß das Unheil sich näherte, welches seine eigenen Söhne heraufbeschworen hatte. Gerade waren sie von einem anstrengenden Marsch zurückgekommen, völlig erschöpft und niedergeschlagen. Auch sie hatten sich um die göttlichen Waffen bemüht, waren aber erst gar nicht auf den Berg hinaufgekommen, zu steil war der Anstieg, zu wirr die Pfade, die sich im Dickicht verloren. So hatten sie schließlich verzweifelt aufgegeben und waren nach Hause zurückgekehrt. Dort erfuhren sie mit Schrecken, daß Arjuna die Waffen bereits in seinen Händen hatte. Aber nachdem sie sich von den Strapazen erholt hatten, waren sie schnell wieder guten Mutes. Noch waren die zwölf Jahre der Verbannung nicht verstrichen, und für das dreizehnte Jahr, in dem die Pandawas unerkannt bleiben mußten, sollte die Zeit der Verbannung nicht verdoppelt werden, hatten die Kurawas bereits vorgesorgt, indem sie überall auf dem Lande ihre Spione verteilt hatten, welche mit Sicherheit die Vettern erkennen würden. Im Gegensatz zu ihrem Vater fühlten sie sich völlig sicher und waren wohlauf, da sie sich an den Reichtümern ihrer Verwandten gütlich taten. Nur zu gerne hätten sie einmal gesehen, wie sehr ihre Vettern in der Verbannung litten, um sich dann doppelt am eigenen Überfluß zu erfreuen. Sie wußten aber genau, daß ihr Vater niemals die Erlaubnis zu diesem Besuch erteilen würde. So ersannen sie eine List, mit der sie ihren Vater täuschen konnten.

Als Könige hatten sie die Aufgabe, sich um ihre Besitztümer zu kümmern und sie zu kontrollieren. Zum Eigentum der Familie gehörten auch große Viehherden. So ahnte der Vater nichts Böses, als seine Söhne ihn um die Erlaubnis fragten, die Hirten mit ihren Tieren zu besuchen und nach dem Rechten zu sehen. Die Kurawas stellten nun einen richtigen Heerzug zusammen mit Elefanten, Streitwagen und einer großen Menge Soldaten. Desterasta fragte nach dem ungewöhnlichen Aufwand für diese Aktion. Seine Söhne erzählten ihm etwas von Räuberhorden, welche das Land unsicher machten, und so war der Vater still, aber nicht beruhigt. Mit großem Prunk setzte sich der Zug in Bewegung, Fanfaren erklangen, Fahnen wehten, Waffen blitzten, und in den gewaltigen Kisten rumpelten Geldstücke und Vorräte. Als man die Stadt verlassen hatte, wählten die Kurawas die Richtung, welche sie in die Nähe der Pandawas bringen würde.

Unbehelligt gelangte der Troß in das große Waldgebiet, in dem sich die Pandawas aufhielten und an dessen Rand sich eine große Steppe anschloß, auf der die Herden der Kurawas weideten. Man hatte in kurzer Zeit gesehen, daß alles in Ordnung war und die Hirten gute Arbeit geleistet hatten. So war noch genügend Zeit, um sich dem Vergnügen der Jagd hinzugeben. Dabei gelangte Duryudhana an einen besonders schön gelegenen Platz, der von kühlen Bächen umgeben war, die munter dahinsprudelten. In den Zweigen des lichten Waldes rauschte ein angenehmer Wind und zu Füßen der Urwaldriesen erstreckte sich ein große Wiese mit saftigem, dunkelgrünen Gras. Hier wollten die Kurawas eine genüßliche Zeit verbringen, ehe man sich an dem Elend der Vettern weiden konnte. Man brachte die großen Zelte, Wagen und alles andere an diesen Ort. Auch die Hirten waren eingeladen zu freiem Trinken und Essen. Man tanzte, sang und feierte bis in die Nacht hinein.

Eines Abends, es begann schon dunkel zu werden, hörte Duryudhana lautes Männergeschrei und Schimpfen. Er eilte aus seinem Zelt und sah, wie alle seine Soldaten in die Richtung rannten, aus der der Lärm erscholl. Was war geschehen? Ehe er sich selbst zu dem Lärm aufmachen konnte, kam einer seiner Soldaten atemlos herbeigestürmt, um ihm Bericht zu erstatten: „Fremde Soldaten sind plötzlich aufgetaucht und beanspruchen den Platz für ihren König, der sich hier mit seinem Gefolge vergnügen will. Dabei fuchteln sie wie wild mit ihren Waffen herum.“

Sofort lief Duryudhana zu den sich streitenden Soldaten und hörte nur noch: „Wenn ihr nicht sofort der Platz räumt, werden wir euch mit Gewalt vertreiben, denn dieses Gebiet gehört nur unserem König allein.“

Bei diesen Worten hatten die feindlichen Soldaten übersehen, welch große Menge an Truppen die Kurawas mitgebracht hatten, die nun aus allen Zelten herbeieilten. Es kam zum kurzen Kampf, dem die Angreifer nicht gewachsen waren, weshalb sie sich schnell zurückzogen und flohen. Laut war das Jubelgeschrei der siegreichen Soldaten, und man feierte und trank bis in den frühen Morgen hinein. Die Flüchtenden aber berichteten unverzüglich ihrem König von dem Vorfall. Der König wollte nicht übereilt handeln, nachdem er von der großen Zahl der Soldaten der Kurawas erfahren hatte. So sammelte er zunächst in aller Ruhe ein Heer, während sich die Sieger noch immer im Walde vergnügten. Eines Tages war es so weit. Laute Fanfarenklänge verkündeten die Ankunft des kampfbereiten Heeres. In der Zeltstadt, in der man nicht mehr mit einem Feind gerechnet hatte, eilten die Soldaten wie Ameisen zu den Waffen. Dann aber brach ein furchtbarer Angriff über die Kurawas herein. Diese wehrten sich, merkten aber bald, daß die Feinde ihnen an Zahl und Kampfkraft überlegen waren, und suchten ihr Heil in der Flucht. Nur Duryudhana kämpfte auf einem Streitwagen weiter, bis auch er von seinen Gegnern überwältigt und zusammen mit seinen Frauen und Gespielinnen als Gefangener in Fesseln gelegt wurde. In welch verzweifelter Stimmung der einst so mächtige Heerführer war, kann sich jeder leicht vorstellen. Er war ausgezogen, um mit seinem Prunk seine Vettern zu beschämen und sich am armseligen Leben der Verbannten zu ergötzen, nun aber lag er gedemütigt in Fesseln und litt unter dem Spott seiner Feinde. Es sollte aber noch viel schlimmer kommen.

Die unterlegenen Soldaten waren bei ihrer Flucht in alle Windrichtungen zerstoben. Es war daher nicht verwunderlich, daß einige von ihnen die Behausungen der Pandawas erreichten und ihnen von ihrem Unglück berichteten. Bima brach in schallendes Gelächter aus: „Das gönne ich denen. Sie waren ausgezogen, um uns zu demütigen und sich an unserem Elend zu ergötzen. Jetzt sitzen sie selbst in der Falle. Ha, ha, ha! Besser konnte es gar nicht kommen!"

Yudhistira aber widersprach: „Zwar haben die Kurawas ihre gerechte Strafe bekommen, aber sie bleiben immer noch unsere Verwandten, und wir sind daher verpflichtet, ihnen zu helfen."

Als Bima das hörte, verschlug es ihm vor Schreck die Sprache, aber er wagte nicht, etwas dagegen zu sagen. Die Pandawas machten sich mit ihren Soldaten auf den Weg, um ihre Vettern zu befreien. Auch Arjuna war mit dabei. In wenigen Tagen hatten sie die Feinde erreicht, man forderte die Befreiung der Kurawas. Als die Feinde dazu nicht bereit waren, begann man zu kämpfen. Dabei merkte man schnell, wie stark die Pandawas waren. Besonders Arjuna tat sich mit seinen göttlichen Waffen hervor. Nun fuhr der Heerführer des Gegners mit seinem Streitwagen an die Front heran und rief mit lauter Stimme: „Hört auf zu kämpfen, ich bin doch immer der Freund der Pandawas gewesen. Warum kämpfen wir jetzt gegeneinander?"

Yudhistira gebot, den Kampf zu beenden, und erreichte, daß Duryudhana mit seinem ganzen Gefolge die Freiheit erlangte.

Dieser mußte von jetzt ab mit dem Gedanken leben, daß er nur durch den Edelmut seines Vetters nach Hause zurückkehren durfte, und er litt so sehr unter dieser Schmach, daß er zu fasten begann, um auf solche Weise sein Leben zu beenden. In der Nacht aber träumte er: Eine wunderschöne Frau lag in seinen Armen, streichelte ihn und tröstete ihn mit sanfter Stimme: „Warum willst du sterben? Auf deiner Seite stehen nicht nur dein Vater, sondern auch Bisma, Drona und vor allem Karna, der voreheliche Sohn deiner Tante Kunti. Du hast die besten Kämpfer und Helden um dich, abgesehen von deiner eigenen Kraft. Räche dich für die erlittene Schmach!"

Duryudhana auf dem Gipfel der Macht

GOTTES MÜHLEN MAHLEN LANGSAM, ABER GRÜNDLICH; HOCHMUT KOMMT VOR DEN FALL

Als Duryudhana aufwachte, lag er in den Armen der Schönen, von der er gerade noch geträumt hatte. Vorbei waren alle Verzweiflung und Scham, und er genoß in vollen Zügen des Lebens Süße.

Da erklangen von den Zinnen des Palastes laute Fanfarenstöße, die einen hohen Gast ankündeten. Duryudhana brauchte nicht lange zu warten. Karna trat in voller Rüstung vor ihn und sprach: „Ich will für dich das ganze Land unterwerfen. Du sollst genau so mächtig sein, wie es deine Vettern einst waren. Wir werden ihnen zeigen, wer in Wirklichkeit der Herr ist."

Karna war genau zur rechten Zeit gekommen, und nur zu gern willigte sein König ein. Karna zog nun mit einem Heer über viele Länder und unterwarf die Völker, welche dort wohnten. Er eilte von Sieg zu Sieg, und alle seine Soldaten waren stolz auf ihren Heerführer und stritten jubelnd für ihn.

Als großer und berühmter Kriegsheld kehrte er zu seinem Vetter zurück. Duryudhana war nun der mächtigste und angesehenste Mann in der damals bekannten Welt. Es fehlten nur noch die Weihen der Priester, welche ihn auch im Namen der Götter zum Kaiser einsetzten.

So ließ er die obersten Brahmanen kommen, um ihnen seinen Wunsch nach dem Rajasuya-Opfer mitzuteilen. Die Priester lehnten dieses Opfer jedoch ab, weil Yudhistira immer noch lebte, schlugen aber das Vaisnava-Opfer vor, das an Rang dem gewünschten durchaus gleich käme, es sogar überträfe. So wurde nun der Zeitpunkt der Feier bestimmt, die Gäste wurden geladen und der Palast zum Empfang vorbereitet. Auch die Pandawas wurden zum Fest gebeten. Sie verzichteten aber darauf und teilten den Boten mit, daß sie ihre Verbannung nicht unterbrechen dürften, auch wenn es nur für eine kurze Zeit wäre.

Das Fest fand in aller Pracht statt. Bei dem Opfer wurde ein goldener Pflug zu Ehren des Gottes Vishnu angefertigt, der Wohlstand und Gedeihen für das Land symbolisieren sollte. Duryudhana und

Karna zogen in einem Triumphzug in die Stadt ein. Im Hochgefühl seiner Macht verkündete nun Karna, er werde seine Füße nicht waschen, keine Getränke zu sich nehmen und kein Fleisch essen, ehe er nicht im Kampf Arjuna besiegt habe. Außerdem werde er bis dahin jeden Wunsch erfüllen, der an ihn gestellt werde. Der Jubel steigerte sich bei diesen Worten noch. Alle Gäste zogen beglückt nach Hause und berichteten vom Glanz der Feier und der Freigebigkeit des Kaisers.

Karna verliert seine Unbesiegbarkeit

Halte dein Versprechen, auch wenn es dir Nachteil bringt

Auch die Pandawas hörten von dem Fest. All der Glanz ließ sie nach außen hin ziemlich unbeeindruckt, auch wenn sie sich natürlich insgeheim darüber ärgerten. Was aber Yudhistira große Sorge bereitete, war der Schwur des Karna. Er zweifelte daran, ob Arjuna trotz seiner göttlichen Waffen diesen Helden besiegen könne. Unruhig ging er vor seinem Zelt auf und ab und war für niemanden zu sprechen. Während der Nacht hörte man ihn im Traume stöhnen, und tagsüber zog er sich immer mehr von allen zurück. Er wußte nämlich, daß Karna durch sein Panzerhemd und seine Ohrringe, die er nie ablegte, unbesiegbar war. Arjuna hatte wirklich keine Chance im Kampfe gegen diesen Helden. Das veränderte Benehmen bemerkte auch der Gott Indra, der Yudhistira wie seinen eigenen Sohn liebte. In Gestalt eines Brahmanen besuchte er ihn und versprach, Karna seines Schutzes zu berauben. Sogleich fühlte sich Yudhistira besser, weil er der Macht des Brahmanen vertraute. Der Priester zog auch sogleich weiter, um Karna zu treffen. Er fand ihn alleine bei der Jagd. Karna hielt sein Pferd an, sprang herab und grüßte mit der nötigen Ehrfurcht, wußte er doch sogleich, wen er vor sich hatte, denn er war zuvor von anderen Zwischenträgern auf das Ansinnen des Brahmanen vorbereitet worden. So bot er dem Fremden die schönsten Gastgeschenke an, die der Priester jedoch ablehnte. „Ich möchte dein Kettenhemd und deine Ohrringe, sonst nichts." Karna erbleichte, obwohl er von der Bitte wußte. Jetzt war sie Wirklichkeit geworden. Doch ehe der Priester weitersprechen konnte, sagte er: „Ich werde die erbetenen Dinge geben, weil ich es vorher öffentlich gelobt habe. Ich weiß jetzt, daß ich dabei einen Fehler gemacht habe, aber ich werde dir deinen Wunsch erfüllen, weil ich mein Versprechen halten werde, sollte ich auch dadurch später getötet werden. Mein Ruhm soll nicht durch meine Feigheit verblassen. Aber ist es nicht ungewöhnlich, daß ein Gott, der sonst immer Bitten empfängt, plötzlich selbst zum Bittsteller bei einem Menschen wird, der eine viel tiefere Stellung hat?"

Als Antwort schenkte Indra ihm nun eine seiner unfehlbaren Waffen. „Du kannst sie nur einmal gebrauchen und nur, wenn du dich in Lebensgefahr befindest. Hast du sie gebraucht, kehrt sie von sich aus zu mir zurück. Verwendest du sie aber leichtfertig, so tötet sie dich selbst."

Karna begann nun, sich seines Panzerhemdes zu entledigen und sah zu seinem Schrecken, daß sein Körper durch das stetige Tragen des Hemdes entstellt war. Sogleich versetzte Indra das Äußere von Karna wieder in seinen ursprünglichen Zustand und verabschiedete sich. Karna kehrte erhobenen Hauptes zu seinem Gefolge zurück, wenn er auch wußte, daß er viel verloren hatte.

Die überragende Weisheit des Yudhistira

Die Kraft des Edlen ist sein Wissen um den wirklichen Wert der Dinge

Das zwölfte Jahr der Verbannung war für die Pandawas angebrochen, und sie begannen die Tage zu zählen, die sie noch an diesem Ort verbringen mußten. Die Zeit schlich viel zu träge dahin, länger waren keine Boten aus den Nachbarreichen mit Waren mehr erschienen, und die Zeit war gekommen, sich selbst um die Essensvorräte zu kümmern. Also machten sich die Pandawas mit ihren Waffen auf den Weg, um zu jagen. Plötzlich sahen sie vor sich einen gewaltigen Hirsch und folgten ihm. Aber immer, wenn er stillstand und die Pandawas ihn erlegen wollten, sprang er unvermittelt auf und raste weiter durch den dichten Wald. Die Pandawas hatte das

Jagdfieber gepackt. Diesen Hirsch mußten sie erlegen, koste es, was es wolle. So bemerkten sie nicht, daß sie immer weiter von ihren Häusern weg in fremde Gegenden gelangten. Plötzlich machte der Hirsch einen gewaltigen Sprung in die Höhe und jagte davon. Eine weitere Verfolgung war zwecklos. Enttäuscht ließen die Jäger ihre Waffen sinken und warfen sich erschöpft ins Gras. Bald meldeten sich jedoch Hunger und Durst. Sie aßen von den mitgebrachten Vorräten, aber das Wasser hatten sie schon lange verbraucht. Sie schauten in die Runde. Es waren kein Teich oder Tümpel zu sehen. Sie lauschten, kein Bächlein gluckerte dahin. So stieg einer der Männer auf einen hohen Baum, um nach Wasser Ausschau zu halten. In der Ferne gewahrte er einen Brunnen und stieß einen Freudenruf aus. Sogleich machte sich der jüngste der Brüder auf den Weg, um Wasser zu holen. Er erreichte eine Zisterne und stürzte sich halb verdurstet auf das Wasser, um zu trinken. Da hörte er eine Stimme von oben, welche ihm zurief: „Trinke nicht! Das Wasser ist vergiftet!“ Aber seine Gier war so unermeßlich, daß er nicht auf die Warnung achtete und trank. Sogleich fiel er wie tot zu Boden. Unterdessen warteten die anderen Brüder ungeduldig auf die Rückkehr des Wasserholers. Vergeblich. Sie schickten den zweiten aus. Ihm geschah wie seinem Bruder. Nacheinander gingen die Brüder los, um nachzuschauen. Zuletzt machte sich Yudhistira voller Sorge auf den Weg und sah seine Brüder regungslos am Brunnen liegen. Tiefe Trauer ergriff sein Herz. Er vergaß seinen eigenen Durst und hörte auf die Stimme, welche ihm das Trinken verbot. Als der Geist, welcher sich bis dahin versteckt hatte, das merkte, trat er als ein großer wilder Mann hervor und schaute auf Yudhistira, der in seiner Verzweiflung bitterlich weinte.

„Du kannst deine Brüder wieder ins Leben zurückholen, wenn du mir tausend Fragen über die Beziehungen zwischen Gott und Mensch richtig beantwortest.“

Sofort willigte Yudhistira ein und wartete auf die Fragen.

„Meine erste Frage lautet, was erhebt den unvollkommenen Menschen in seinem Erdenleben?“

Yudhistira antwortete: „Drei Dinge sind es, die den Menschen aufrichten: 1. das Brahman, das innerste Wesen aller Dinge, welchem man sich meditierend nähern kann. 2. Das Lesen der Heiligen Schriften (Veden) und 3. die rechte Selbsterkenntnis."

Eine weitere Frage schloß sich an: „Welches Lebewesen atmet und lebt doch nicht?"

„Derjenige, welcher dem Höchsten nichts opfert, lebt nicht im wahrsten Sinne des Wortes", war die zufriedenstellende Antwort.

Es ging weiter: „Was ist ehrenhaft und was ist unehrenhaft?"

„Ehrenhaft ist der, der sich für das Wohl aller Geschöpfe einsetzt; unehrenhaft ist der Undankbare."

„Was ist Heuchelei?" „Das Erstarren in einer religiösen Form ist Heuchelei."

So folgte Frage auf Frage. Yudhistira beantwortete alle Fragen richtig, wie man im Mahabharata nachlesen kann.

Wohlwollend nickte der Riese und fuhr fort: „Jetzt kommt an dich die allerletzte Frage. „Wen soll ich als ersten zum Leben erwekken?"

„Meinen jüngsten Bruder", war die Antwort.

Der alte Mann war erstaunt. „Warum gerade ihn? Er ist doch nur dein Halbbruder?"

Yudhistira erklärte, daß er alle Brüder gleich liebe. Um keinen Bruder vorzuziehen, habe er den jüngsten genannt. Der Erfolg dieser Worte kam unmittelbar: Alle Brüder kehrten ins Leben zurück. Unvorstellbar groß war die Freude, und man lag sich in den Armen. Der alte Mann hatte sich das bewegende Schauspiel voller Zufriedenheit angesehen und brachte nun Speise und Trank herbei, an denen sich die Brüder gütlich taten. Dann kam die Stunde des Abschieds. Der alte Mann gab sich als der Gott des Todes und der Gerechtigkeit zu erkennen und gab den Pandawas einen Wunsch frei. Die Pandawas baten, daß sie im dreizehnten Jahr ihrer Verbannung unerkannt bleiben möchten, und der Gott versprach ihnen, alles zu tun, damit keiner sie in dieser Zeit erkennen würde. Sie sollten nur das letzte Jahr ihrer Verbannung beim König Virata verbringen.

Man verabschiedete sich, und die Brüder zogen wohlgemut zu ihren Hütten zurück. Von dort machten sie sich mit Drupadi auf den langen Weg zum König. Herzzerreißend war der Abschied von den Zurückbleibenden, aber alle wußten, daß keine andere Wahl blieb, um das nächste Jahr über unerkannt zu bleiben.

Buch IV

Das dreizehnte Jahr in der Verbannung

Unterwegs zum König Virata

Wer ein reines Gewissen hat, braucht nichts zu fürchten

Die Verbannten wanderten viele Tage durch die glühendheiße Sonne. Sie wateten durch Sümpfe, zwängten sich durch das dichte Unterholz der Wälder, quälten sich über ausgetrocknete Steppen. Dabei mußten sie jeglichen Kontakt mit Menschen meiden, denn diese hätten sie vielleicht erkannt, ihren Weg erraten und sie später verraten können. Hatte die Familie schon in der Einsamkeit am See gelitten, so bedeutete dieser Marsch noch eine Steigerung der Qual. Besonders Drupadi war das beschwerliche Vorwärtskommen nicht gewöhnt. Ihre Füße schmerzten, ihre zarte Haut war von Zweigen und Blutegeln zerschunden, ihre Muskeln begannen den Dienst zu versagen. Aber sie wollte ihren Gatten nicht zur Last fallen und kämpfte sich klaglos weiter voran. Schließlich sank sie vor Erschöpfung zu Boden. Mit großem Schrecken hielt die kleine Gruppe inne, man trug sie in den Schatten eines Baumes, benetzte ihre Lippen mit Wasser, und als sie wieder langsam zu sich kam, trug Bima sie auf seinen Armen weiter. Schließlich sahen sie vor sich die Stadt Viratas liegen. Es war ein herrlicher Anblick, nach der Wildnis so viele Häuser zu sehen, die spitzen Türme und die hohe Stadtmauer, die sich bergend um die Häuser legte und Schutz und Sicherheit versprach. Eine Weile verschnauften die Pandawas.

Dann sagte Yudhistira: „Wir fallen mit unseren Waffen auf, wenn wir mit ihnen in die Stadt gehen. Besonders die göttlichen Waffen von Arjuna werden alle Augen auf sich ziehen, und dann wird es nicht schwer sein zu erkennen, wer wir sind. Wir müssen unsere Waffen verstecken.“

Sie rasteten gerade unter einem großen Akazienbaum, der seine Zweige wie ein gewaltiger Schirm zum Himmel streckte. Er stand neben einer Totenverbrennungsstätte, und aus dem nahen Wald hörte man Gebrüll von wilden Tieren. „Ich glaube, wir haben schon das richtige Versteck gefunden. Laßt uns die Waffen auf diesen Baum bringen. Dort, in dieser unheimlichen Umgebung wird sie keiner vermuten oder durch Zufall hingelangen“, schlug Arjuna vor.

Alle waren der gleichen Meinung, und der Jüngste brachte die im Sonnenlicht funkelnden Waffen bis in die oberste Spitze das Baumes und versteckte sie dort. Ehe sie aufbrachen, fanden sie noch die ziemlich unverbrannte Leiche einer alten Frau, die schon in Verwesung übergegangen war. Um die Sicherheit des Versteckes noch zu verstärken, hängten die Pandawas sie in die Zweige des Baumes, wo sie einen entsetzlichen Gestank verbreitete. Nach dieser ekelerregenden, aber gerade deshalb notwendigen Arbeit zogen sie weiter in die Stadt hinein. Unterwegs berieten sie sich, welche Dienste sie beim König anzunehmen gedachten, beteten und trennten sich voneinander, um jedes Aufsehen zu vermeiden.

In königlichem Dienst

Wahre Menschlichkeit kommt von Innen

Yudhistira schritt als erster durch das große dunkle Stadttor. Wenn er auch einfach gekleidet war und der Staub der Straße noch an ihm klebte, so trat er doch so ruhig und selbstverständlich zwischen die Stadtwächter, daß sie ihn ohne weiteres in die Stadt ließen. Dort fragte er in der nächsten einfachen Herberge an der Hauptstraße um Obdach. Nach und nach kam so die ganze Familie durch das Stadttor und traf sich zum Abendessen wie zufällig in derselben Gaststube. Man redete über alles Mögliche, nur nicht über den eigentlichen Grund ihres Besuches.

Am frühen Morgen des nächsten Tages verließ Yudhistira als erster das Haus und ging zum Schloß des Königs. Von der Zinne der Burg flatterte eine große Fahne zum Zeichen, daß der König anwesend war. Der älteste der Pandawas kam gerade zu der Zeit an, in der der König seine Audienz abhielt. Mit den vielen anderen Bittstellern und Ratsuchenden betrat er den Audienzsaal, an dessen Stirnwand der Thron des Königs stand. Er wartete, bis die Wächter ihn aufriefen und zwar unter einem falschen Namen, den er sich zugelegt hatte, um nicht erkannt zu werden. Als er vor dem König stand, ging eine solche Kraft und Ruhe von ihm aus, daß der König vor Bewunderung erschrak. Dieser Fremde vor ihm sah aus wie ein Mann von sehr hohem Adel. Um so mehr war Virata erstaunt, als dieser sich um eine Anstellung am königlichen Hof als Meister des Würfelspieles bewarb. Zudem führte dieser Mann an, am Hofe des von ihm über alles verehrten Freundes Yudhistira das gleiche Amt bekleidet zu haben. So bekam Yudhistira sogleich eine Anstellung als königlicher Würfelspieler, und der König war überaus froh, einen Edlen wie diesen zu seinen Bediensteten zählen zu dürfen. Im Laufe der nächsten Tage folgten Bima, der sich natürlich auch unter falschem Namen als Koch und Ringer ausgab, Sahadeva, der sich für die Aufzucht und Pflege von Rindern verantwortlich zeigte, Arjuna als Eunuch und Tanzlehrer und zuletzt Nakula als Pferdeaufseher und Wagenlenker. So waren die Brüder glücklich, ohne Schwierigkeiten unerkannt bei Virata als königliche Beamte von hohem Rang untergekommen zu sein. Sie erfüllten ihre Aufgaben mit solcher Hingabe und solchem Geschick, daß sie bald die höchsten Titel verliehen bekamen.

Eines Morgens stand die Königin auf der Terrasse ihres Schlosses und genoß die frische Morgenluft. Dabei schweifte ihr Blick auf die Stadt, die zu ihren Füßen lag. Dichtes Menschengewimmel durchzog die Straßen, denn es war gerade Markttag. Sie wollte sich gerade wieder in ihren Palast zurückziehen, als sie bemerkte, wie sich aus der Menschenmenge ein Zug löste, der geradewegs die Straße zum Schloß einschlug. Langsam näherte sich der Zug, und die Königin sah, daß eine Frau ihn anführte. Als die Menschenmenge schon dicht am Schloß war, erblickte die Königin in dieser Anführerin eine junge Frau, deren Schönheit sie in Bann schlug. Edel und doch anmutig schritt sie daher. Langes schwarzes Haar wallte bis zu ihren Hüften herab. Sie war zierlich von Gestalt, ohne zerbrechlich zu wirken. Zwei große, schwarze Augen schauten milde auf die sie umgebenden Leute. Sogleich rief die Königin ihre Dienerin herbei und ließ der Dame ausrichten: „Edle Herrin, meine Königin möchte gerne Ihre Bekanntschaft machen und wäre froh, wenn Sie zu ihr kommen könnten."

Drupadi, denn keine andere war diese Schöne, willigte ein und folgte der Dienerin. Als die Königin sie aus der Nähe betrachtete, stieg ihre Bewunderung für diese Frau noch mehr. Sie war wie ein kostbares Juwel, welches im Sonnenlicht aufblitzte, und ihre Stimme klang wie eine Glocke: „Ich bin eine Dienerin, welche viele Jahre bei Drupadi war und möchte wieder als solche bei Euch angestellt werden.“ Dabei gab sie einen falschen Namen an, wie alle aus ihrer Familie. Die Königin wäre selig gewesen, eine solche Dienerin bei sich zu haben, doch sie schreckte zurück: „Nur zu gerne würde ich dich aufnehmen, aber jeder Mann, der in deine Nähe kommt, wird dir verfallen, sogar mein eigener Mann, wenn ich ehrlich bin.“ Die Dienerin antwortete lächelnd: „Darüber macht Euch keine Sorgen, ich bin sehr glücklich verheiratet und so vor allen Nachstellungen der Männer geschützt. Ihr könnt mir vertrauen.“ Da merkte die Königin, daß ihre eigene Ehe durch diese Frau nicht gefährdet würde, und nahm sie voll Freude und Stolz bei sich auf.

Drupadi in Schwierigkeiten

Treue ist das wertvollste Gut der Ehe

Drupadi fand sich in der neuen Umgebung gut zurecht. Zwar war sie nur eine Dienerin, aber die Königin war sehr freundlich zu ihr, und der ganze Hofstaat bewunderte neidlos ihre Schönheit. Wenn sie an die Zeit ihrer Verbannung am See dachte, so bot dieses Leben am Hofe doch manche Vorteile. Natürlich sehnte sie ein freies königliches Leben in ihrem eigenen Palast herbei, aber die Zeitspanne von einem Jahr war ja durchaus zu überblicken. Die Tage flossen dahin, und nur noch wenige Monate trennten sie von der glücklichen Rückkehr. Eines Morgens erzählte ihr die Königin bei ihrer Toilette, daß sie heute ihren Bruder zu Besuch erwarte und sich sehr freue, ihn wieder zu sehen. Er halt sich oft weit weg an den Grenzen des Königreiches auf, weil er der Oberbefehlshaber der königlichen Armee sei. Bald kündeten auch schon Fanfaren die Ankunft des hohen Herrn an. Man hörte den Gleichschritt marschierender Truppen, Kommandos und die Willkommensrufe der neugierig zusammengelaufenen Zuschauermenge. Währenddessen eilte die Königin mit ihren Dienerinnen zum Audienzsaal, wo die Begrüßungszeremonie stattfinden sollte. Sie setzte sich neben ihrem Gemahl auf einen etwas kleineren Thron, hinter dem sich im Halbkreis die Dienerinnen aufstellten. Die großen Flügeltüren wurden weit geöffnet, und herein trat wie ein junger Gott der Bruder der Königin in seiner prächtigen Uniform des Heerführers. Er ging geradewegs auf den Thron des Königs zu, verbeugte sich tief und erstattete ihm Bericht. Dann wandte er sich seiner Schwester zu und begrüßte sie herzlich. Plötzlich blieb er wie angewurzelt stehen und starrte Drupadi an. Nach einer Weile trat er auf sie zu: „Edle Dame, Ihr seid von einer solchen Schönheit, wie ich es in meinem ganzen Leben noch nicht erlebt habe. Euer Gesicht ist ebenmäßig und freundlich, Eure weiblichen Formen sind vollkommen. Verzeiht mir, wenn ich Euch so direkt sage, daß mein Herz von Liebe zu Euch entbrannt ist."

Drupadi antwortete ihm, daß sie nur eine niedrige Dienerin sei und nicht seinem Stand entspräche. Außerdem sei sie verheiratet. Alle im Saal waren Zeugen dieses Vorganges, die einen sahen die Liebeserklärung mit Wohlgefallen, die anderen hörten sie mit Abscheu. Mit der Ausrede, daß sie sich nicht wohlfühle, zog sich Drupadi zurück. Nun drang der Feldherr auf seine Schwester ein und erklärte ihr, wie unsterblich er sich in diese Schöne verliebt habe. Er würde ihr alles zu Füßen legen und gern ihr Sklave sein. Seine Schwester wollte ihn zunächst beruhigen, aber vergeblich. So vertröstete sie ihn auf später, um Zeit zu gewinnen. Als sich die Frauen in ihre Kemenaten zurückgezogen hatten, versuchte die Königin ihren Bruder bei Drupadi ins rechte Licht zu setzen. Aber sie stieß auf ganz energische Ablehnung. So beendete man das Thema, und die Königin hoffte, daß ihr Bruder am nächsten Tage vernünftiger sein werde. Jedoch hatte sie sich geirrt. Als sie sich trafen, redete ihr Bruder nur von der schönen Frau, und daß er sie mit allen Mitteln für sich haben wolle. Die Königin hatte Drupadi schon in ihrem Zimmer verbleiben lassen, um ihren Bruder nicht noch mehr durch ihren Anblick zu reizen. Vergeblich. Die Sehnsucht und Leidenschaft dieses Mannes wuchs von Tag zu Tag. Er konnte überhaupt nichts anderes mehr reden und denken. Einmal gelang es ihm, Drupadi kurz zu treffen. Sofort versprach er ihr alle seine Habe, wenn sie ihm nur ihre Zuneigung schenken würde.

Drupadi hatte immer die gleiche Antwort: „Nein! Deine Leidenschaft bringt nur Tod und Verderben und macht dich unglücklich. Laß von mir ab!"

Da ging er zu seiner Schwester, die sah, wie sehr ihr Bruder litt, und schließlich Mitleid hatte. „Ich werde ein großes Fest veranstalten. Besorge du den Wein und Speisen. Diese werde ich durch Drupadi zu mir bringen lassen. Sei aber vorsichtig und verdirb nicht alles."

Voll Freude willigte der Bruder ein und eilte beschwingt nach Hause. Als er den nötigen Wein und die Speisen besorgt hatte, ließ er durch einen Diener seiner Schwester davon Mitteilung machen. Die Königin rief nun Drupadi und hieß sie, bei ihrem Bruder Wein und Speisen zu holen.

„Oh weh!" rief Drupadi, „Hohe Herrin, Ihr Bruder wird mir nachstellen und mich bedrängen."

„Keine Sorge, mein Bruder weiß, daß ich es bin, der Euch geschickt hat und wird es daher nicht wagen, Euch mit seiner Liebe zu belästigen."

Also ging Drupadi zum Hause des verschmähten Liebhabers, um die Sachen zu holen. Kaum hatte sie das Haus betreten, so stürzte sich der Mann auf Drupadi, um sie mit seinen Liebesbeteuerungen zu überschütten. Da sie aber nichts davon hören wollte, packte er sie am Oberarm. Sie riß sich los. Er faßte ihr Kleid und versuchte, sie mit Gewalt an sich zu reißen. Da nahm Drupadi all ihre Kraft zusammen und schlug den liebestollen Mann mit einem Schlag nieder. Dann rannte sie aus dem Haus zum Schloß. Mittlerweile war er wieder zu sich gekommen und lief hinter seiner Angebeteten her bis ins Schloß. Dort war gerade große Audienz, und viele angesehene Adelige und Diener, darunter auch die Pandawas, waren anwesend. Drupadi flüchtete vor den Thron, ihr Verfolger setzte ihr nach, riß sie an den Haaren und schlug sie in seiner Verzweiflung. Ein „Oh!" ging durch den Saal. Erschrocken zog sich der außer Rand und Band Geratene zurück. Bima wollte sich auf ihn stürzen, um ihn zu zerschmettern. Aber Yudhistira hielt ihn zurück, damit er sich nicht verriet. Laut klagend wandte sich Drupadi an den König und hielt ihm vor, daß er ein solches Unrecht schweigend zulassen würde.

„Wie kann ich eingreifen, wenn ich den wahren Sachverhalt nicht weiß?“ antwortete dieser. Als er die ganze Geschichte erfahren hatte, lobten er und der ganze Hof das edle Verhalten von Drupadi, welche sich in die Zimmer der Königin zurückzog. In der Nacht schlich sich die verzweifelte Drupadi in das Schlafzimmer von Bima. Wie üblich lag er in seinem Bett und schnarchte so laut, daß es durch alle Wände drang. Um so leichter war es für Drupadi, Bima zu finden. Sie stieg zu ihrem Gatten ins Bett und begann bitterlich leise zu weinen. Bima schreckte auf und tröstete seine Frau. „Nicht mehr lange, dann sind wir frei.“

Drupadi aber beklagte ihr Leid, das sie täglich von dem ungestümen Liebhaber erfahren mußte: „Er stellt mir überall nach. Ich bin nirgendwo vor ihm sicher. Eines Tages wird es ihm gelingen, mich zu vergewaltigen. Ich habe fünf Gatten, welche tatenlos das alles mit ansehen, nur weil sie feige sind.“

Bima redete auf sie ein, daß sie jetzt in dieser kurzen Zeit nicht ihren Verstand verlieren dürfe. „Ich will dir helfen, so wie es meine Pflicht ist“, fügte er hinzu.

Beide überlegten, wie sie den liebestollen General am besten beseitigen könnten. Sie kamen überein, daß Drupadi ihn für die nächste Nacht in den Tanzsaal einladen solle. Dort stünde ein großes Bett, das für die Liebe wie geschaffen sei. Erleichtert schlich sich Drupadi wieder unbemerkt auf ihr Zimmer zurück. Am nächsten Tag gelang es Drupadi ohne Aufsehen zu erregen, ihren Verehrer zufällig auf dem Schloßhof zu treffen. Unter der Bedingung, daß er keinem von dem geplanten Treffen erzählen sollte, nannte sie ihm Ort und Zeitpunkt. Der Mann war von der plötzlichen Sinneswandlung seiner Angebeteten so überrascht und beglückt, daß er sie gleich umarmen wollte, aber sie floh schamhaft. Am Abend, als es schon dunkel war, gelangte Bima unentdeckt in Frauenkleidern in das große Bett und zog sich die Decke über. Er brauchte nicht lange zu warten. Ein paar leise Schritte näherten sich in der Dunkelheit dem Bett. Die Luft wurde von den Wohlgerüchen des Bräutigams erfüllt. Dann spürte Bima den heißen Atem des Mannes über sich, und er packte mit stahlhartem Griff den Mann und zerdrückte ihn. Wie ein Windhauch stob Bima davon und eilte ungesehen auf sein Zimmer.

Am nächsten Morgen ging Drupadi in den Tanzsaal, um dort nachzuschauen. Als sie den Toten sah, begann sie laut zu schreien. Alle Leute liefen herbei und sahen, wie furchtbar der Gatte Drupadis sich gerächt hatte. Die Familienangehörigen des Toten bestanden darauf, daß Drupadi mit begraben werde müßte. Ein großer Trauerzug näherte sich dem Verbrennungsplatz. Mit Seilen gefesselt schritt Drupadi hinter dem Sarg und wußte, daß man sie gleich töten wollte. So begann sie, mit lauten Schreien um Hilfe zu rufen. Bima hörte die Verzweiflungsschreie, als er gerade in der Schloßküche die Speisen zubereitete. Er eilte mit einem Umhang bedeckt zum Friedhof. Gerade als man Drupadi auf den Scheiterhaufen schleppte, um sie dort zu verbrennen, stürzte er mit einem ausgerissenen Baum hervor und schlug auf die Trauergesellschaft ein, daß etliche von ihnen tot zu Boden sanken, die anderen ihr Heil in der Flucht such ten. Ein Stück rannte Bima noch hinter ihnen her und verschwand dann wieder in der Küche zu seinen Kochtöpfen, als wenn nichts gewesen wäre. Drupadi gelangte völlig verstört, aber sonst unverletzt auf ihr Zimmer. Natürlich hörte auch der König von dem Vorfall und sprach mit seiner Frau. Sie kamen überein, daß es besser wäre, Drupadi in Ehren vom Hof zu entlassen, da von ihrem Mann eine zu große Gefahr für das Reich ausging. Drupadi bat darum, sie noch dreizehn Tage am Hofe zu behalten, denn so lange mußten die Pandawas noch unerkannt bleiben. Die Königin willigte ein.

Neue Unternehmungen der Kurawas

Unrecht Gut gedeiht nicht

Es dauerte nicht mehr lang, bis das dreizehnte Jahr der Verbannung abgelaufen war. Überall hin hatten die Kurawas ihre Spione ausgeschickt, um das Verbleiben der Pandawas zu erkunden. Aber alles war vergeblich. Es gab kein Land, in dem nicht ein Mann der Kurawas wohnte und seine Augen für sie offen hielt. Da war kein Einsiedler, keine Karawane, welche nicht befragt worden wäre. Vergebens. So befanden sich die Kurawas in einer denkbar schlechten Laune, denn sie wollten auf keinen Fall die zu Unrecht erworbenen

Besitztümer den Pandawas zurückgeben, außerdem fürchteten sie die furchtbare Rache besonders von Bima. Nur der eine Gedanke tröstete sie, daß die Pandawas vielleicht irgendwo im Walde tödlich verunglückt seien.

Doch bald sollten sie sich mit anderen Dingen beschäftigen. Ihr Freund, der König eines Nachbarreiches, besuchte sie. Er brachte die für sie wirklich erfreuliche Nachricht, daß der Oberbefehlshaber der Armee des Königs Virata getötet worden sei.

„Jetzt ist die Zeit gekommen, in dieses Königreich einzufallen und die riesigen Rinderherden zu rauben, ohne mit ernster Gegenwehr rechnen zu müssen. Kommt, macht mit!“ feuerte er Duryudhana an, „dann teilen wir uns die Beute.“

Die Kurawas waren sofort begeistert, da Virata ein Freund der Pandawas gewesen war und es ihnen daher besonderes Vergnügen bereitete, gerade diesen zu berauben. Gleich in der nächsten Woche wollte der Freund mit seinem Heer aufbrechen. Die Kurawas sollten mit ihrem Heer folgen. Voll Abenteuerlust und Raubgier stürzten sie sich auf ihre neue Aufgabe. Während am nächsten Tag der Freund zu seinem Heer abreiste, um sogleich zum Raubzug aufbrechen zu können, sammelten die Kurawas in aller Eile ein Heer, um mit diesem möglichst schnell dem anderen Heer folgen zu können und ihm gegebenenfalls beizustehen, aber besonders auch, um die erwartete Beute aufzuteilen. Das erste Heer gelangte auch ohne Schwierigkeiten in das Reich Viratas, schlug die wenigen Grenzsoldaten in die Flucht, umzingelte die riesigen Rinderherden und trieb sie ungehindert über die Grenze. Hei, war das eine Beute. Mit vor Angst gezeichneten Gesichtern berichteten die Überlebenden dem König von der grausamen Menschenschlachterei und dem Raub. Virata wußte, daß mit dem Verlust der Herden die Existenzgrundlage seines ganzen Staates mit seinen Bürgern gefährdet war. Er rief alle Truppen zusammen, welche gerade am Hofe waren und zog mit ihnen sofort los, um den Feinden die Beute abzujagen. Unter den Kämpfern waren auch vier der unerkannt gebliebenen Pandawas.

Schon nach wenigen Stunden sahen die Verfolger Staubwolken, die sich von den stampfenden Fußtritten der Rinderherden gebildet hatten. Dazwischen blitztten die Waffen der feindlichen Soldaten auf. Als Virata sich dem gewaltigen Zuge näherte, merkte er erst, wie groß die Zahl der Gegner war. Aber er hatte keine Zeit mehr, sich zu besinnen, denn die Späher hatten ihn schon entdeckt. So blies er zum Angriff und stürzte sich mit seinen Mannen wie ein Falke auf die Feinde. Diese hatten jedoch schnell bemerkt, wie stark sie in der Überzahl waren, und wehrten sich mit aller Macht. Schnell wendete sich das Blatt. Die Soldaten Viratas rannten um ihr Leben, und der König selbst wurde gefangengenommen und gefesselt abgeführt.

Nun sah Yudhistira noch auf dem Schlachtfeld die Stunde gekommen, seinen Dank für die freundliche Aufnahme seiner Brüder und Gattin abzustatten.

Er rief Bima zu sich: „Befreie den König. Du hast die Kraft dazu!"

„Sofort", brüllte Bima und stürzte sich auf den nächsten Baum, um ihn auszureißen und damit die Feinde zu verjagen.

„Nein", schrie Yudhistira, „nur noch wenige Stunden trennen uns vom Ende unserer Verbannung. Nimm keinen Baum, sonst erkennen dich die Feinde."

So kämpfte Bima mit Pfeil und Bogen und schlug eine Bresche in die Streiter geradewegs auf den königlichen Anführer zu. Der stand auf einem Streitwagen. Bima tötete den Wagenlenker. Dann stellte er den König zum Kampfe und schmetterte ihn zu Boden.

Yudhistira kam heran und rief: „Töte ihn nicht!"

So verschonte Bima das Leben des aus seiner Ohnmacht erwachten Räubers, hob ihn empor und legte ihn vor die Füße von Yudhistira. Yudhistira ermahnte ihn, zukünftig solche Verbrechen nicht mehr zu begehen. Dann führte er den Schuldigen zu Virata, der noch immer in Fesseln dastand. Der Böse sank auf den Boden zu Füßen seines einstigen Gefangenen und bat ihn um Verzeihung. Er wolle alles für ihn tun, da er durch seine Gnade das Leben neu geschenkt erhalten habe. Virata vergab ihm und ließ ihn mit seinen Soldaten ziehen.

Kaum waren die Räuber verschwunden, wandte sich Virata an Yudhistira und sagte: „Du hast mich nicht nur aus der Gefangenschaft befreit, sondern auch mein Leben gerettet. Ich schenke dir daher zum Zeichen des Dankes das Königreich der Eindringlinge."

Yudhistira lehnte dankend ab. Man sandte nun Boten in die Stadt, um den Sieg des eigenen Heeres zu melden.

Leichte Beute

Wer zuletzt lacht, lacht am besten

Die Kurawas waren mit ihrem Heer etwas später an die Grenzen des Viratareiches gelangt. Sie hatten mit ihren Freunden eine Stelle unter einem besonders großen Banyonbaum vereinbart, an der sie sich treffen wollten. Zu ihrer großen Verwunderung war keine Menschenseele hier zu sehen. Da alle voller Raublust waren, beschloß man nach kurzer Beratung, weiterzuziehen im Vertrauen auf die eigene Kraft, die jeglichem Feinde gewachsen war. Man überschritt ohne Widerstand die Reichsgrenzen und zog auf eine Grassteppe zu, auf welcher im allgemeinen die Rinderherden anzutreffen waren. Dort fand man die Leichen von Gefallenen, die schon in Verwesung begriffen waren. Es waren Tote aus der Armee ihres Freundes sowie auch Einheimische, wie man aus den Uniformen ersehen konnte. Was war geschehen? Nur nicht lange fragen. Schnell weiter, weg von diesem schrecklichen Ort! Aber wo waren die Herden? Die Kurawas schlugen nun die Richtung zur Hauptstadt ein. Wenn sie keine Herden fanden, so konnte man wenigstens dort brandschatzen und plündern. Auf jeden Fall wollte keiner ohne reiche Beute nach Hause kommen. Bald kamen die Späher, die vor dem Heereszug die Gegend auskundschafteten, aufgeregt zu Duryudhana und meldeten, daß man vor sich alle Anzeichen einer gewaltigen Rinderherde sähe. Duryudhana trieb sein Heer zur Eile an, und man hatte bald die ganze Herde umzingelt. Wo waren die Wächter und Soldaten? Nur ein paar Hirten trieben ängstlich die Tiere in Richtung Stadt. Aber dazu sollte es nicht mehr kommen. Die Kurawas fielen über die Hirten her, töteten sie oder jagten sie einfach davon.

„Das war eine einfache Beute", rief Duryudhana ein wenig enttäuscht. „Wenn ich das vorher gewußt hätte, hätte ich mir den Aufmarsch so vieler Soldaten ersparen können."

Doch die Hauptsache war erst einmal, daß man die riesige Viehherde in Richtung des eigenen Landes treiben konnte.

Vorbereitungen zu einer weiteren Schlacht

Der Schein trügt oft

Währenddessen war König Virata noch auf dem Weg in seine Stadt. Von dem Heer der Kurawas wußte er nichts, auch nicht, daß seine gewaltige Rinderherde erneut der Raub feindlicher Soldaten geworden war, nur daß es diesmal die Kurawas waren. Der König kam mit seinen durch den Kampf erschöpften und verwundeten Fußsoldaten nur langsam voran und konnte sich auch mit Rücksicht auf seine Soldaten Zeit nehmen. Er wähnte in seinem Reich alles in Ordnung und ahnte nicht im entferntesten, daß das Gegenteil der Fall war.

Die von den Kurawas verjagten Hirten erreichten indes die Hauptstadt und berichteten von den schrecklichen Geschehnissen. Nun war der Sohn Viratas gefragt. Oh ja, er war sich seiner ganzen Würde bewußt, das Oberhaupt eines ganzen Staates zu sein, wenn auch nur für die kurze Zeit, in welcher der Vater nicht anwesend war. So brüstete er sich damit, gerne in den Kampf ziehen zu wollen, um die großen Kriegshelden der Kurawas vernichtend zu schlagen. Mit Begeisterung würde er sein Leben für sein Vaterland einsetzen. Von seinem Streitwagen herab sei er unbesiegbar. Dabei wußte er bei diesen Worten ganz genau, daß sein Wagenlenker seit einiger Zeit tot war und er somit von keinem zum Beweis seiner vollmundigen Worte herangezogen werden konnte.

In der allgemeinen Ratlosigkeit und Verwirrung ergriff nun Arjuna die Initiative. Als Eunuch in Frauengewändern war er in der Stadt geblieben. Er suchte nun Drupadi auf und teilte ihr mit, daß er gerne als Wagenlenker dienen würde. „Geh zu dem jungen König und schlage ihm vor, mich als Wagenlenker zu nehmen."

So geschah es auch, der Königssohn schickte seine junge Schwester aus, um Arjuna darum zu bitten. Arjuna, der bisher als Tanzlehrer dieses hübsche Mädchen unterrichtet hatte, willigte ein und wurde zum Streitwagen geführt. Alle seine jungen Schülerinnen waren voll Neugier herbeigeeilt, um ihren Lehrer in seiner neuen doch so ganz unerwarteten Funktion zu sehen. Arjuna spielte mit. Als er das Panzerhemd überlegen sollte, stellte er sich so ungeschickt an, daß alle Mädchen in lautes Gelächter ausbrachen. Dem Königssohn überfielen furchtbare Zweifel, ob dieser Eunuch einen solch gewaltigen Wagen im Kampfe führen könne. Arjuna jedoch beruhigte ihn.

Die Prinzessinnen scherzten weiter: „Bring uns die Kleider der Kurawahelden mit! Du liebst doch schöne Kleider!"

Arjuna antwortete: „Ihr könnt euch auf mich verlassen, ihr Schönen."

Schallendes Lachen ertönte. Dann sprangen die Kämpfer auf den Wagen und fuhren in Richtung der Feinde davon. Dem Wagen folgten die restlichen noch in der Stadt verbliebenen Truppen. Man kam schnell voran und traf schon nach wenigen Stunden auf den Feind.

Er war furchterregend anzuschauen. Eine unendlich lange Reihe Soldaten, welche grimmig mit den Waffen herumfuchtelten. An ihren düsteren Gesichtern konnte man leicht erkennen, daß sie zu allem entschlossen waren. Dahinter stand eine zweite ebenso finstere Reihe, und es folgten Reihe auf Reihe, die dicht hintereinander Aufstellung genommen hatten. Im Hintergrund erblickte man Kolosse von Kampfwagen, deren Seitenwände mit den schrecklichsten Waffen gespickt waren. Das ganze Heer war eine Walze des Todes, die alles unter sich zu zermahlen drohte. Jeder kann verstehen, daß sich beim Anblick einer solchen Übermacht Angst regt. Den Begleiter Arjunas, diesen tollkühnen Frauenheld, überfiel geradezu panische, hemmungslose Angst. „Halt den Wagen an!" schrie er Arjuna an. „Ich will nicht mit diesem Feinde kämpfen."

Arjuna versuchte zu beruhigen, indem er dem Prinzen vorhielt, wie sehr er bei seiner Rückkehr ausgelacht würde, wenn er jetzt flöhe, und er lenkte den Wagen bei diesen Worten geradewegs auf die Feinde zu. Mit einem Satz sprang der Prinz aus dem Wagen und lief davon. Arjuna – noch in Frauenkleidern – jagte hinter ihm her. Als das die feindlichen Soldaten sahen, begannen sie laut zu lachen und zu spotten.

Schließlich gelang es Arjuna, den Fliehenden einzuholen und festzuhalten: „Lenke statt meiner den Streitwagen. Ich will für dich kämpfen. Es wird alles gut werden. Du brauchst wirklich keine Angst zu haben."

Mit zitternden Beinen schlich der Prinz hinter Arjuna zum Wagen zurück und nahm den Platz des Wagenlenkers ein.

„Siehst du den großen Akazien-Baum dort drüben? Lenke den Wagen dort hin!"

Der Prinz tat, wie ihm geheißen.

„Klettere auf den Baum und hole die Waffen, die dort versteckt sind und gib sie mir!"

Der Prinz wunderte sich sehr, aber er traute sich nicht zu fragen. Als er die Waffen erblickte, wagte er zuerst nicht, sie anzufassen. Sie leuchteten und blinkten in der Sonne und verrieten jedem, der ihrer ansichtig wurde, daß es sich bei ihnen um keine gewöhnlichen menschengemachten Waffen handelte. Von unten trieb Arjuna zur Eile an. Der Prinz faßte sich ein Herz, brachte die Waffen nach unten und übergab sie Arjuna. Am Stand der Sonne erkannte Arjuna, daß das dreizehnte Jahr der Verbannung in dieser Stunde zu Ende gegangen war. Jetzt konnte er sein Geheimnis lüften. Als der Prinz die Geschichte gehört hatte, kniete er ehrfürchtig vor Arjuna nieder, dann rief er mit lauter Stimme: „Mit einem solch wackeren Helden an meiner Seite ist meine Angst verflogen. Komm laßt uns kämpfen, um das Land vom Unheil zu befreien!"

Die Schlacht

Ehre deinen Lehrer

Arjuna stand nun in seiner ganzen Größe auf dem Streitwagen, der in voller Fahrt auf das feindliche Heer zubrauste. In seinen Händen blitzte der gewaltige göttliche Bogen.

„Das ist ja Arjuna!" rief jubelnd Duryudhana, „nun muß er für weitere zwölf Jahre mit seinen Brüdern in die Verbannung gehen."

Bisma antwortete kühl: „Du irrst. Die Jahre der Verbannung sind für die Pandawas unumstößlich vorbei. Du kannst die Zeit nicht anhalten."

Duryudhana schnaubte vor Wut, aber er mußte sich den Tatsachen fügen. Mittlerweile war der Streitwagen Arjunas ganz nah an die feindlichen Soldatenreihen herangekommen. Noch ehe die Bogenschützen ihre Pfeile abschießen konnten, hatte Arjuna seinen mächtigen Bogen gespannt und vier Pfeile auf seinen Lehrer Drona abgesandt. Zwei Pfeile bohrten sich genau vor Drona in den Boden, zwei Pfeile pfiffen ganz dicht an seinem Kopf vorbei.

„Das kann nur Arjuna sein", rief Drona, „so begrüßt man seinen Lehrer."

Dann aber begann ein schrecklicher Kampf, in dem viele brave Soldaten unter Qualen ihr Leben lassen mußten. Laut klang das Klagen, Stöhnen und Geschrei der Verwundeten. In diesem furchtbaren Getümmel schlug Arjuna Karna in die Flucht und setzte die Streitwagen der Kurawas außer Gefecht, indem er mit je einem einzigen Pfeilschuß die Zugelefanten tötete. Dann wandte er sich gegen seine Lehrer und sogar gegen Bisma (Devabrata) und besiegte sie. Doch sie erhoben sich aufs neue zum Kampf. Nun blies Arjuna so gewaltig in sein Muschelhorn, daß alle Anführer bis auf Bisma (Devaberata) ohnmächtig vor Schreck zu Boden fielen und mit ihnen all ihre Mitstreiter. Arjuna zog seinen besinnungslos darniederliegenden Gegnern die Oberkleider aus und rief: „Nun haben wir die Mitbringsel für die Hoffräulein."

Die Schlacht war zu Ende. Man kümmerte sich um die Verletzten, und Arjuna erwies seinen Lehrern die Ehre, obwohl sie gegen ihn gekämpft hatten. Dann trennten sich die Parteien. Duryudhana war völlig niedergeschlagen und verzweifelt.

In dieser Stimmung fuhr er Bisma an: „Warum hast du uns nicht im Kampfe gegen Arjuna geholfen?"

Bisma erwiderte ruhig: „Woher konnte ich denn wissen, daß ihr schon beim bloßen Klang der Muschelhörner in Ohnmacht fallt?"

Arjuna machte sich mit seinem Gefolge todmüde auf den Heimweg hinter den Herden her, die bei dem Schlachtenlärm schon Reißaus in Richtung Hauptstadt genommen hatten.

Zurück zur Hauptstadt

Ehrlich sein zu können, bedeutet wahres Heldentum

König Virata war indes mit seinen Begleitern in der Stadt angekommen. Schon als er die Stadt betrat, war er über das eigenartige Verhalten der Bewohner befremdet. Alle machten ein bedrücktes Gesicht. Dabei sollten sie doch eigentlich froh sein, daß ihre Herden gerettet waren. Im Schloßhof erwartete Virata voll Stolz seinen Sohn. Er war nicht da. Was war geschehen? Da erzählten die alten Minister, daß der Sohn ausgezogen sei, um gegen die Kurawas zu kämpfen. Vor Schreck erbleichte Virata, als er von all den Ereignissen hörte, die sich während seiner Abwesenheit zugetragen hatten. Eine tödliche Angst um seinen Sohn beschlich ihn. Als Yudhistira hörte, daß auch der Eunuch als Wagenlenker mitgefahren sei, beruhigte er den alten König.

Aber der schlug die Hände über dem Kopf zusammen und rief nur immer wieder: „Oh, welch eine Schande! Mit einem Eunuchen in Frauenkleidern ist mein Sohn in den Kampf gezogen. Das beruhigt mich überhaupt nicht. Im Gegenteil, das bringt mich zur Verzweiflung.“

Nur mit Mühe gelang es Yudhistira, den alten Mann festzuhalten, der sofort seinem Sohn zur Hilfe eilen wollte. Und noch mehr Mühe kostete es Yudhistira, den König zu überzeugen, daß es besser sei, hier zu bleiben. Dann kamen die Boten und meldeten, daß die Kurawas geschlagen worden und die Sieger auf dem Weg nach Hause seien. Jetzt endlich konnte der König aufatmen. Er begann sofort, einen gewaltigen Empfang für die heimkehrenden Sieger vorzubereiten. Das Schloß und die ganze Stadt wurden geschmückt. Die Schloßsoldaten bekamen neue Paradeuniformen. In den Küchen wurden große Festessen vorbereitet, und durch das Stadttor rumpelten immer neue Wagen mit Weinfässern. Die besten Musikkapellen rückten an, begleitet von schönen, verführerischen Tänzerinnen aus exotischen Ländern.

Ein Bote erschien atemlos und meldete: „Das siegreiche Heer steht vor den Toren der Stadt und wartet auf Einlaß.“

Die ganze Stadt war nun in freudigem Aufruhr. Alle Bürger und

Soldaten strömten zum Stadttor und jubelten den Heimkehrern zu. Nur Virata blieb im Schloß, um hier seinem Sohn entgegenzugehen. Yudhistira sollte bei ihm bleiben, um mit Würfelspielen die Wartezeit zu überbrücken. Während die Würfel munter rollten, pries der König seinen Sohn als unübertrefflichen Helden. Yudhistira meinte dazu, daß der Eunuch gewiß auch eine bedeutende Rolle im Kampfe gespielt habe.

„Willst du meinen Sohn und mich beleidigen?“ schrie der König aufgebracht mit vor Zorn hochrotem Kopf. Dabei stieß er mit dem Brettspiel gegen Yudhistiras Nase, so daß Blut herausschoß. Gerade in diesem Augenblick meldete der Herold die Ankunft des Sohnes mit dem Wagenlenker an.

Yudhistira flüsterte noch dem Türwächter zu: „Laß den Eunuchen nicht mit herein, wenn er mich bluten sieht, wird er den König totschlagen.“

Bald lagen sich Vater und Sohn in den Armen. Nach einer Weile begann der Vater die Tapferkeit seines Sohnes über alle Maßen zu preisen. „Es ist das schönste Geschenk, das ich in meinem Alter erhalten habe.“

„Halt ein, halt ein!“ rief der Sohn energisch. „Genau das Gegenteil war der Fall. Ich wollte feige fliehen, als plötzlich ein starker Held neben mir stand und an meiner Stelle den Kampf führte. Ihm gebührt dein Lob, nur ihm allein.“

Der Vater war erschrocken, wenn er auch insgeheim mit Genugtuung feststellte, daß sein Sohn gerade in diesem Augenblick Mut und wahre Größe in seiner Ehrlichkeit zeigte. Wie viele hätten jetzt geschwiegen.

„Wo ist denn dieser Held, damit ich ihm danken kann?“ fragte der König.

„Er wird die bestimmt in den nächsten Tagen seine Aufwartung machen“, antwortete der Sohn.

Arjuna, der auf der Rückfahrt seine Waffen wieder im gleichen Baum versteckt hatte und in seine Frauenkleider geschlüpft war, verließ den Saal und erfreute die Königstochter und ihre Gespielinnen mit den herrlichen Kleidern, welche er den Kurawahelden abgenommen hatte. Die Mädchen sperrten vor Staunen ihren Mund auf. Woher hatte dieser Eunuch wohl die Kleider erhalten?

Die folgende Nacht war ein einziges rauschendes Siegesfest. Es war nur Jubel, alte Feindschaften zwischen den Bürgern wurden begraben, alle saßen vereint im Schloßsaal und waren gleich in ihrer Freude, der König eingeschlossen.

Am nächsten Tage waren die Pandawas als erste auf den Beinen. Ihre große Stunde sollte heute kommen. Sie badeten und zogen sich die herrlichsten Fürstenkleider an. Dann gingen sie unbemerkt in den Thronsaal des Königs und ließen sich auf fünf Thronen nieder. Wenig später folgte der Königssohn mit seinem Vater. Als der König fünf fremde Männer auf seinem Thronplatz sitzen sah, überkam ihn ein furchtbarer Zorn, und er wollte sich auf die Männer stürzen, um sie zu vertreiben. Aber sein Sohn, der mittlerweile in das ganze Spiel eingeweiht worden war, hielt ihn fest und rief: „Vater versündige dich nicht an diesen Männern. Sie sitzen zu recht auf den Thronen."

Virata war fassungslos. Er hatte völlig die Übersicht verloren. Da gaben sich die Pandawas zu erkennen, und die Freude stieg ins Unermeßliche. Virata wollte sich wegen seines Verhaltens gegenüber Yudhistira beim Würfelspiel entschuldigen, aber seine Worte gingen im allgemeinen Freudenausbruch unter. Als sich der Lärm etwas beruhigt hatte, winkte Virata Arjuna zu sich und bot ihm seine Tochter zur Frau an.

Arjuna entgegnete: „Ich war immer wie ein Vater zu deiner Tochter, und sie hat in mir immer auch nur ihren väterlichen Freund gesehen. Ich möchte dieses edle Gefühl nicht zerstören, aber ich weiß, daß mein Sohn dieses Mädchen in sein Herz geschlossen hat."

Die beiden jungen Leute wurden einander zugeführt und waren sich in Liebe zugeneigt. Bald wurde eine prächtige Hochzeit gefeiert.

Buch V

Das Unheil nimmt seinen Lauf

Aussendung von Friedens- und Kriegsboten

Übermut tut selten gut

Bei der Hochzeit waren alle hohen Gäste anwesend, die Virata und den Pandawas gewogen waren. Ihnen war natürlich die schwierige politische Lage bekannt, die durch den drohenden Krieg zwischen den Pandawas und Kurawas gekennzeichnet war. So traf man sich am Tage nach der Hochzeit noch einmal in der großen Audienzhalle Viratas, um gemeinsam zu planen. In einem waren sich alle Sprecher einig: daß man den schrecklichen Krieg verhindern müsse. Man kam überein, daß man einen alten unabhängigen Priester als Vermittler zum Hofe Duryudhanas schicken wolle. Er solle in aller Ruhe auf die Rechte der Pandawas an ihrem Besitz hinweisen und die Kurawas bitten, ihnen die alten Besitztümer, besonders aber die Hauptstadt, wieder zurückzugeben. Ein feierliches und inbrünstiges Gebet für den Erfolg dieser Mission begleitete den scheidenden Priester.

Da dessen Auftrag scheitern konnte, mußte man sich schon jetzt für einen Krieg wappnen, indem man in alle Himmelsrichtungen Boten aussandte, um Verbündete für ein Heer zu sammeln.

Der Priester zog mit kleinem Gefolge zum Palast Duryudhanas und wurde dort ehrenvoll empfangen. Zuerst redete der königliche Bote mit Bisma, überbrachte ihm die Forderungen der Pandawas und machte deutlich, wie ernst es ihnen damit sei. Bisma stimmte mit der Meinung des Priesters überein. Er ließ eine Versammlung der Weisen und der Kurawas einberufen und mahnte diese, sich einsichtig zu zeigen, weil das Recht auf Seiten der Pandawas sei. „Dieser Priester ist als ein Anwalt des Friedens hier. Nutzt die letzte Möglichkeit, unnützes Blutvergießen zu vermeiden und ewigen Frieden einkehren zu lassen, in dem alle glücklich leben können."

Da trat Karna vor und forderte den Krieg, weil er diesen sicher gewinnen würde. Bisma war durch diese Rede in keiner Weise überzeugt, ja seine Sorgen wuchsen sogar, weil Karna die Stärke der Pandawas zu gering einschätzte. Desterasta ergriff nun das Wort und nahm offen Partei für Bisma. Da sprang sein Sohn Duryudhana zornentbrannt auf, richtete sich mit leidenschaftlichen Worten gegen seinen eigenen Vater und verkündete voller Stolz, daß er zum Kriege entschlossen sei.

Somit mußte der Priester unverrichteter Dinge wieder nach Hause zu den Pandawas zurückkehren. Unterwegs sah er schon mit Entsetzen den Aufmarsch gewaltiger Truppenverbände, die ihrem Sammelplatz entgegenzogen.

Ein letzter Versuch

Frieden ist das höchste Gut

Nun war die Stunde für König Vasudewa gekommen. Er war der Bruder von Kunti, der Mutter der Pandawas. Sein Ruhm glänzte im ganzen Land. Seine Weisheit war unübertrefflich, seine Gerechtigkeit, Güte und Mildtätigkeit waren Vorbild für alle, die nach dem Guten strebten. Wegen dieser seiner Tugenden galt er als die Inkarnation des Gottes Krishna. Als Onkel der Pandawas hatte er diese stets mit seinem guten Rat unterstützt und sich fürsorglich um deren Angelegenheiten gekümmert.

Als der Priester mit seiner niederschmetternden Antwort zurückgekommen war und Bericht erstattet hatte, ergriff Vasudewa das Wort: „Ich werde selbst zu den Kurawas fahren, um den schrecklichen Krieg zu verhindern, der keiner Partei nützt. Ich will es noch einmal versuchen."

Viele Blicke voller Hoffnung richteten sich bei diesen Worten auf Vasudewa. Zu groß war das Entsetzen vor dem blutigen Krieg, der alles zu verschlingen drohte. Der König ließ nun seinen mit Gold besetzten Streitwagen vorfahren, der mit bunten Fahnen geschmückt war. Er wurde von riesigen Elefanten gezogen, die machtvoll trompeteten und ihre gewaltigen Stoßzähne schaukelten. Umgeben war der Wagen von einem Trupp uniformierter Soldaten, die ihre Lanzen und Helme in der Sonne funkeln ließen.

Fürwahr ein prächtiger Anblick. Als er so in die Stadt der Kurawas einzog, die zuvor die Hauptstadt der Pandawas gewesen war, standen die Bürger in Scharen an den Straßen und winkten ein jubelndes Willkommen. Zu groß war die Hoffnung, daß Vasudewa eine friedliche Lösung herbeiführen könnte. Jeder wußte, daß er als Abgesandter vieler Könige hier war und entsprechende Ehrung erwartete. Diese wurde ihm auch von Seiten der Kurawas zuteil. Alle weisen und mächtigen Männer des Reiches waren in der Versammlungshalle anwesend, um Vasudewa die nötige Hochachtung zu zeigen. Vasudewa ergriff als erster das Wort und schilderte anschaulich das Problem; dann bat er die Kurawas, die geraubten Besitztümer zurückzugeben. Bisma und Desterasta stimmten ihm zu. Aber Duryudhana war unbelehrbar und verließ trotzig die Halle.

Da sprach Vasudewa: „Wegen dieser wenigen Männer müssen viele Tausende Soldaten ihr Leben lassen. Nicht nur die Soldaten, auch wir, die wir hier anwesend sind, werden, ob wir es wollen oder nicht, in den Krieg mit hineingezogen und gehen unserem Untergang entgegen."

Die Mehrheit der Männer stimmte dem Vorschlag zu. Nur der blinde Desterasta meinte verzweifelt: „Ich kann doch nicht meinen eigenen Sohn entmachten und ins Gefängnis werfen lassen. Ich schlage vor, daß meine Frau, die Mutter von Duryudhana, uns hilft und dem halsstarrigen Sohn in Liebe den rechten Weg weist."

So holte man die Mutter und Duryudhana. Vergeblich. Es kam zum Streit, der damit endete, daß Duryudhana den Raum verließ und mit seinen engsten Freunden übereinkam, auf seine Weise die Mission von Vasudewa zu beenden, indem sie ihn töteten. Aber der Plan blieb nicht verborgen, und Vasudewa reiste kurz entschlossen ab. Sein Auftrag war gescheitert.

Das Heerlager

Seine Unternehmungen sollte man sorgfältig planen und Unvorhersehbares nach Möglichkeit miteinbeziehen

Nun wußten die Pandawas, was zu tun war. Ohne unnütze Zeit verstreichen zu lassen, wählte man einen geeigneten Platz zwischen zwei Flüssen als Heerlager aus. Von überallher kamen die Truppen mit fliegenden Fahnen und Kriegsgesängen herbei. Man errichtete große Zelte, baute Marktstände, schaffte Unmengen von Vorräten herbei, holte Waffenschmiede, Wundärzte und nicht zuletzt schöne Tänzerinnen, um die Soldaten bei Laune zu halten.

Aber die Kurawas blieben auch nicht untätig. Sie lagerten mit ihren Truppen gegenüber dem Heer der Pandawas. Zugleich baute man eine große Straße vom Heer zur Hauptstadt, um den Nachschub zu sichern. Nach einiger Zeit lagen sich die beiden Heere kampfbereit gegenüber und warteten nur auf das Angriffssignal. Um den Gegner noch angriffslustiger zu machen, sandte man Delegationen zwischen die Fronten der Soldaten, welche mit lauten Worten die Gegenpartei verhöhnten und damit den späteren Kampf einleiteten.

Buch VI

Die Bhagavad Gita

Ein Edelstein leuchtet im Schmutz

Die Vorbereitungen für den Kampf waren abgeschlossen. Duryudhana schaute siegessicher und stolz auf sein riesiges Heer. Mit Genugtuung stellte er fest, daß das Heer der Pandawas viel kleiner war als sein eigenes. Voll Sorge sah das natürlich auch Yudhistira.

Er sprach zu seinem Bruder Arjuna: „Haben wir überhaupt die Aussicht, diesen Kampf zu gewinnen?“

Arjuna erklärte ihm, daß der Kampf um eine gerechte Sache die Kampfkraft aller stärken würde und daß sie außerdem Vasudewa als Führer hätten. Nach diesen Worten bestieg Arjuna seinen Kampfwagen und fuhr dem Feinde entgegen. Er befand sich nun zwischen den beiden Heeren und sah auf der anderen Seite die Zelte seines Onkels Bisma, seiner Vettern, Lehrer und vieler Freunde. Gegen diese Menschen soll ich kämpfen, ja sie sogar töten? Nein, das kann Gott nicht gewollt haben. Ich will wieder umkehren. Sollen die Feinde mich ruhig als Feigling verspotten. Es ist besser, wenn nur einer leidet, als wenn so viele in den Tod gehen.

Vasudewa als Wagenlenker an seiner Seite bemerkte das nachdenkliche und verzweifelte Gesicht von Arjuna und hielt den Streitwagen an. Hier waren sie allein, hinter und vor ihnen erklangen die schrillen Kriegsschreie der Soldaten. Aber ins Niemandsland wagte sich keiner. Kurz vor dem Ausbruch von Haß und Mord waren die beiden Männer noch einmal ganz unter sich. Ruhig begann nun Vasudewa zu sprechen, und obgleich seine Stimme milde klang, prägten sich seine Worte wie Meißelschläge unauslöschlich in Arjuna ein.

Vasudewa sprach: „Gott ist die letzte Wirklichkeit. Er steht über Trauer und Freude, Tod und Leben. Wer sich in den Willen Gottes ergeben hat, kann Erlösung erlangen. Das Tor zur Erlösung steht dabei jedem offen. Durch dieses Tor kann nur der schreiten, der sein Streben nicht auf die Erlangung von Sinnenfreuden und Reichtum richtet, sondern auf Pflichterfüllung um ihrer selbst willen, ohne auf das Resultat oder den Erfolg zu schauen. Der Weg zu diesem Tor ist die Meditation. In ihr nähern sich Sinne und Geist dem

Wesen Gottes. So gelangt man – gleichsam über den Dingen stehend – zur Weisheit, die zur Erlösung nötig ist. Wer in Gott und aus Gott lebt, ist nicht mehr den vergänglichen Dingen verhaftet. Er besitzt sie, ohne an ihnen zu hängen. Er hat zur wahren Freiheit gefunden, ist vom Kreislauf des Vergehens und Entstehens befreit. Denke immer daran, daß die Seele ewig besteht, während dein Körper vergänglich ist."

Noch viele Worte der Weisheit sprach Vasudewa zu Arjuna. Sie wurden später in dem heiligen Buch Bhagavad Gita niedergeschrieben und geben noch heute den Menschen Richtung und Weisung zum Leben.

Arjuna erkannte jetzt, daß es seine Pflicht war, in den Krieg zu ziehen, damit Gerechtigkeit und Liebe wieder einkehren konnten. Er wußte nun, daß er nur die Körper der Menschen töten würde, nicht aber deren Seelen. Bei allem, was jetzt noch kommen würde, sah er den Willen Gottes, den zu erfüllen nunmehr sein Auftrag war.

Bisma als Feldherr der Kurawas

Die Verantwortung des Lehrers seinen Schülern gegenüber

Nachdem Arjuna so in seinem Vorhaben gestärkt worden war, fuhren die beiden wieder zu ihren eigenen Truppen zurück und gaben den Befehl zum Aufmarsch. Nun kam Bewegung in den riesigen Ameisenhaufen der Soldaten. Nach kurzer Zeit zog das Heer in wohlgeordneter Schlachtordnung dem Feind entgegen, bereit zum Angriff. Das gleiche geschah mit der Armee der Kurawas. Nun standen sich beide Heere gegenüber, und jeder wartete auf das Angriffssignal. Da geschah etwas Merkwürdiges: Yudhistira trat vor die Reihen seiner eigenen Truppen, entledigte sich seiner Waffen und ging mit gefalteten Händen auf die Feinde zu. Arjuna und Vasudewa folgten ihm in der gleichen Weise. Sie wurden vom Gespött und Gelächter der Soldaten der Kurawas empfangen. Die drei Männer gingen dadurch unbeeindruckt betend auf die vorderste Reihe zu. Verwundert schritten die Soldaten zur Seite und bildeten eine Gasse. Der Weg führte die Männer zu Bisma.

Sie verneigten sich tief zum Gruß und sprachen: „Wir sind gekommen, um dir unsere Verehrung zu bezeugen. Die Götter haben es so gewollt, daß wir als Feinde einander gegenüberstehen, aber unsere Herzen sind fern von allem Haß. Im Gegenteil, sie schlagen in Liebe für dich, unseren Großvater und Lehrer."

Bisma lächelte und erwiderte: „Eigentlich habe ich auf euer Kommen schon gewartet. Ihr habt mich nicht enttäuscht. Ich werde euch für den Kampf segnen, wenn er auch gegen mich gerichtet ist. Außerdem gebe ich als euer Lehrer euch einen Wunsch frei."

„Sage uns", baten die Pandawas, „wie wir dich besiegen können, denn wir wissen, daß du eigentlich im Kampfe unbesiegbar bist."

„Ich werde es Euch später sagen, dazu ist es jetzt noch zu früh."

Dann gingen sie zu ihrem Lehrer Drona und erwiesen auch ihm die Ehre. Auf ihre gleiche Frage antwortete er: „Auch ich bin unbesiegbar, es sei denn, jemand, dem ich vertrauen kann, überbringt mir eine so schreckliche Nachricht, daß ich in Ohnmacht falle. Dann kann mich jeder töten." Auch Drona gab seinen Schülern seinen Segen.

Mit einem bewegenden Abschied von Bisma und Drona kehrten die Pandawas zu den Ihren zurück. Jetzt war eigentlich die Zeit reif für einen Angriff, doch der Tag war schon so weit vorgeschritten, daß man den Beginn der Schlacht auf den nächsten Tag verschob, da man vorher ausgemacht hatte, nicht während der Dunkelheit zu kämpfen.

Am nächsten Morgen erklangen die Trompeten und trieben zum Beginn der Schlacht. Ein furchtbares Gemetzel begann. Schreie der Wut, aber noch mehr Schreie der Angst und des Schmerzes erfüllten die Luft. Elefanten, von diesem Lärm aufgeschreckt, begannen im panikartigen Lauf quer durch die Reihen der Soldaten zu flüchten und vernichteten alles unter sich. Überall lagen Leichen und abgetrennte Gliedmaßen herum. Das Gemetzel dauerte bis zu Einbruch der Dunkelheit. Am nächsten Tag ging das grausige Schlachten weiter und so fort, viele Tage lang. Die Luft war erfüllt vom Geruch des Blutes und der in der Hitze schnell in Verwesung übergehenden Leichen. Grell war das Geschrei der aasfressenden Vögel, die in gewaltigen Scharen auf den Leichen saßen und an ihnen hackten und zerrten. Es war schon mehr als eine Woche vergangen. Die

Heere hatten verzweifelt aufeinander losgeschlagen. Aber keine Partei konnte einen Sieg erringen, und die Berge von Leichen wurden größer und größer. Nur die Hauptanführer blieben unangetastet, obwohl sie mit furchtbarem Einsatz kämpften, denn sie waren ja unbesiegbar. Da erinnerte sich Yudhistira an das Versprechen Bismas, ihnen zu sagen, wie er besiegt werden könnte. So schlich er sich in der Dunkelheit der Nacht unbemerkt durch die Reihen der Feinde und gelangte zu Bisma.

„Sag mir, wie wir dieses unsinnige Töten zu Ende bringen können. Solange du gegen uns kämpfst, ist uns der Sieg nicht möglich. Du hast uns vor einigen Tagen versprochen, uns anzuvertrauen, wie wir dich töten können, um das Morden zu beenden."

Bisma antwortete: „Ich bin froh, daß du den Weg zu mir gefunden hast. Auch ich bin der Meinung, den Krieg möglichst schnell zu beenden. Du weißt, daß ich im Kampf gegen Männer unbesiegbar bin, wenn ich aber gegen Frauen kämpfen soll, bin ich machtlos. Ihr habt einen Mann unter euch, der in seinem früheren Leben eine Frau war. Er hat noch so viel Weibliches behalten, daß er mich jederzeit töten kann."

Sich in Ehrfurcht verneigend schieden die beiden Männer voneinander. Am nächsten Tag trugen die Pandawas ihren Angriff hauptsächlich gegen Bisma vor. Der kämpfte wie ein Löwe, zerschmetterte alle Pfeile und Lanzen und bahnte mit seinem Streitwagen eine Gasse des Todes. Nun schickten die Pandawas den von Bisma genannten Mann in den Kampf. Ihm gelang es, mit seinem Schwert Bisma so zu verletzen, daß er kampfunfähig von seinem Streitwagen fiel. In diesem Augenblick verdunkelte sich der Himmel, und Donnerschläge ließen die Erde erbeben. Die Kurawas, aber auch die Pandawas stießen einen Schreckensschrei aus und stellten den Kampf ein. Sie versammelten sich um den sterbenden Bisma in Ehrfurcht und Trauer. Der mit dem Tode Ringende war so mit Pfeilen gespickt, daß sein Körper nicht auf der Erde ruhen konnte. Man schickte nach Wundärzten, welche die Pfeile herausziehen und Bisma pflegen sollten. Aber er winkte ab: „Ich will hier auf dem Felde mein Leben beenden." Dann rief er: „Ich habe Durst."

Arjuna nahm einen Pfeil und schoß ihn dicht neben Bisma in den Boden. Sofort sprang ein Quell frischen Wassers auf, und Bisma labte sich an ihm. Dann forderte er Duryudhana mit schwacher Stimme auf, den Krieg zu beenden und zurückzugeben, was ihm nicht gehöre. Dieser verzog sein Gesicht zu einer finsteren Maske und verließ den Sterbenden.

„Laßt mich allein", sprach nun Bisma. „Ihr wißt, daß ich immer nur Frieden stiften wollte, aber es ist mir nicht gelungen. Selbst mein nahender Tod kann Duryudhana nicht erweichen. Kommt, laßt mich allein, und schlaft in der kurz gewordenen Nacht. Ihr braucht eure Kräfte für den morgigen Tag." Dann wandte Bisma sich von den Umstehenden ab. Wortlos, sich tief verneigend nahmen die Pandawas Abschied von ihrem geliebten Großvater, Lehrer und Freund. Nun war Bisma allein. Eine ganze Weile lag er so voll Schmerz auf seinen Pfeilen liegend den gewaltigen Sternenhimmel über sich erblickend. Vor seinem Auge floß sein ganzes Leben vorbei, und er hielt ein Zwiegespräch mit dem Allmächtigen.

Da vernahm er neben sich ein leises Rascheln. Eine Männergestalt beugte sich wortlos über ihn, und er erkannte Karna. „Karna, du", fuhr es aus Bisma heraus. „Ich liebe dich wie meinen eigenen Sohn und mußte doch so oft gegen dich sprechen. Du weißt, daß du der Sohn von Kunti bist, die dich von einem Gott empfangen hat. Sie hat dich später zur Adoption an eine Frau niederen Geschlechts weitergegeben. Ich bin stolz auf dich, denn unter deiner rauhen Schale hast du dein edles Herz bewahrt. Deiner Abstammung nach und von deinem Edelmut her gehörst du eigentlich zu den Pandawas. Willst du dich nicht ihnen zugesellen?"

Karna antwortete unter Tränen: „Nur zu gerne würde ich deiner Bitte entsprechen, aber meine Adoptivmutter hat alles in ihren Kräften stehende für mich getan. Ich kann und darf sie und ihre Familie, die Kurawas, nicht verlassen."

Bisma erkannte, daß Karna Recht hatte, und die beiden Männer nahmen schweren Herzens voneinander Abschied.

Der Krieg geht unter Dronas Führung weiter

Der Krieg missachtet die Grenzen der Sittlichkeit

Nun übernahm auf Bitten Karnas Drona die Heerführung. Drona war von all den Königen und Mitstreitern der Kurawas als der Tüchtigste und Ranghöchste anerkannt. Unverzüglich sammelte er seine Truppen und setzte den Kampf mit unverminderter Härte fort. Als er am Abend immer noch nicht den erstrebten Sieg über die Pandawas errungen hatte, kämpfte er mit seinen Truppen im Dunkeln weiter, obwohl man zu Beginn des Kampfes vereinbart hatte, nur am Tag zu kämpfen. Um überhaupt etwas zu sehen, trugen die Soldaten brennende Fackeln in den Händen. Dieser Kampf in der Schwärze der Nacht war noch unheimlicher und enthemmter als bei Tage, und viele mußten ihr Leben lassen. Endlich fielen allen vor Müdigkeit die Waffen aus den Händen, und die Streiter versanken da, wo sie gerade standen, in tiefen Schlaf. Nach ein paar Stunden der Ruhe entbrannte die Schlacht aufs neue. Viele Brüder der Kurawas ließen ihr Leben und auch die Söhne der Pandawas mußten sterben. Trotz allem Leid wogte die Schlacht mit unverminderter Härte weiter. Nun war die Zeit für eine List gekommen.

Drona hatte einen Sohn, welcher den gleichen Namen wie ein Elefant der Pandawas trug. Bima erschlug nun diesen Elefanten mit seiner Keule, und Yudhistira verkündete mit Donnerstimme den Namen des getöteten Elefanten. Drona hörte die Stimme Yudhistiras, vertraute ihm und dachte, daß sein Sohn im Kampfe gefallen sei. Sogleich verließen ihn seine Kräfte, und er wurde von den Pandawas getötet. So ließ er sein Leben auf die Weise, wie er es selbst zuvor den Pandawas vorausgesagt hatte.

Karna übernimmt den Oberbefehl

Edelmut muss im Krieg scheitern

Mit neuer Kampfeswut stürzte sich Karna in die Schlacht, um die Entscheidung zu erzwingen. Von seinem Streitwagen aus sandte er

Tod und Vernichtung in die Reihen der Pandawas. Da sah er plötzlich Yudhistira vor sich. Er stürzte sich auf ihn, um ihn zu erschlagen. In dem Augenblick durchzuckte ihn der Gedanke, daß er vor der Schlacht seiner Leibesmutter Kunti versprochen hatte, keinen ihrer Söhne zu töten. Er hielt in seinem vernichtenden Hieb inne und ließ Yudhistira laufen. Nun traten Bima und anschließend Arjuna gegen ihn an. Zeitweise setzten sie sich gegenseitig durch ihre heftigen Attacken außer Gefecht. Aber sobald sie zu Kräften gekommen waren, schlugen sie wieder aufeinander los. Plötzlich blieb das Vorderrad von Karnas Streitwagens stecken. Karna sprang aus dem Wagen, um ihn aus dem Schlamm zu schieben. Diesen Augenblick nutzte Arjuna, und er tötete den Wehrlosen. Sogleich erklang ein gewaltiges Donnern, und die Erde erbebte. Vom Himmel tobte ein furchtbarer Sturm. Dazu begannen nun die Pandawas auf ihren Muschelhörnern zu blasen. Duryudhana befahl den sofortigen Rückzug, da an diesem Tag an Sieg nicht zu denken war. Im Gegenteil, niedergeschlagen und verzweifelt verließen die Kurawas das Schlachtfeld.

Buch VII

Der Schlacht geht zu Ende

Von zwei Streitern siegt immer der Denkende;
Zorn ist ein schlechter Ratgeber

Als der achtzehnte Tag der grausamen Schlacht anbrach, zog das Restheer der Kurawas erneut in den Kampf. Duryudhana war entschlossen durchzuhalten, obwohl wohlmeinende Freunde ihm den Rat gegeben hatten, alles weitere Blutvergießen zu vermeiden und die Pandawas als Sieger anzuerkennen. Diesmal war es Yudhistira, der die Hauptlast des Kampfes trug. Der Pandawa hatte sich bisher aus Ehrfurcht vor seinen Gegnern immer etwas im Hintergrund gehalten. Es kam zwischen ihm und dem neuen Oberbefehlshaber der Kurawas zum Zweikampf, bei dem Yudhistira der Überlegene war.

Nun wollten die letzten Kämpfer der Kurawas fliehen, aber Duryudhana trieb sie erneut in den hoffnungslosen Kampf. Während seine Soldaten auf ihre Gegner zueilten, ergriff er selbst die Flucht. Er kam zu einem See, der mit dichtem Gebüsch umgeben war, dessen Zweige bis zum Wasser herabreichten. Vorsichtig stieg er ins warme Wasser und verkroch sich so, daß auch der listigste Feind ihn nicht entdecken konnte. Hier war er sicher und wollte erst einmal verschnaufen, bevor er weiterging.

Da hörte er nach einiger Zeit die Rufe seiner drei Freunde, die ihn suchten. Er antwortete, und die Männer krochen in sein Versteck.

„Hier bist du also. Hier hast du es wirklich gut, während wir unser Leben für dich einsetzten. Damit du es weißt, alle unsere Truppen sind tot oder auf der Flucht.“

Duryudhana antwortete, daß er nur hier sei, um sich von dem anstrengenden Kampf zu erholen und nachher weiter für sie da sei. Doch die Freunde entgegneten, daß er sich später ausruhen könne. Die Pandawas seien ebenfalls müde. „Komm jetzt mit uns, noch nie war die Gelegenheit so günstig, die bösen Brüder zu besiegen.“ Doch ihr Anführer wollte nicht. So ging das Gespräch ziemlich erregt hin und her.

Von dem Lärm wurde ein junger Fischer angelockt, der gerade

dabei war, für Bima Fische zu fangen. Unbemerkt glitt der junge Mann mit seinem Boot in die Nähe der Streitenden und merkte sogleich, wer sich da im See versteckt hatte. Vorsichtig stakte er geräuschlos seinen Kahn wieder weg und berichtete auf schnellstem Wege Bima von seiner Entdeckung. Der weckte seine Brüder und machte sich ohne Zögern auf den Weg zum See. Da die Krieger es sehr eilig hatten, das Versteck Duryudhanas aufzuspüren, machten sie einigen Lärm, den der Gesuchte hörte. Er schickte seine Begleiter weg: „Lauft, solange man euch noch nicht entdeckt hat. Ich werde allein hier bleiben. Ich will den sehen, der mich hier aufspürt."

Die drei huschten lautlos durch das Gebüsch und entkamen unbemerkt. Duryudhana stand im Wasser und zog vorsichtig die Zweige ganz über sich, so daß es wirklich unmöglich war, ihn zu sehen.

Die Pandawas waren nun zum See gekommen und spähten über die Wasseroberfläche. So sehr sie sich auch anstrengten, sie konnten nichts entdecken. Ziemlich ratlos liefen sie am Ufer entlang. Ehe sie enttäuscht wieder zurückkehren wollten, unternahm Yudhistira einen letzten Versuch: „Wenn wir ihn nicht finden können, gelingt es uns vielleicht, ihn dazu zu bringen, daß er sein Versteck selbst verrät."

Er begann nun mit lauter Stimme über den See zu schreien: „Duryudhana, wir wissen, daß du dich hier feige aus Angst verkrochen hast. Wir werden aller Welt erzählen, wie tief der erlauchte König und Anführer hinabgesunken ist. Wie eine Kröte hast du dich im Schlamm verkrochen." Er setzte unentwegt seine Beleidigungen und seinen Spott fort. Dabei ging seine Rechnung auf. Duryudhana konnte sich nicht mehr halten und antwortete, um sich zu verteidigen. Währenddessen kamen die Pandawas immer näher an das Versteck heran. Nachdem Duryudhana seine Verteidigung beendet hatte, setzte Yudhistira seine Schmähungen und seinen Hohn mit lauter Stimme fort. Noch nie hatte der König solch verletzende Worte gehört, die ihm den letzten Verstand raubten. Endlich erschien er wutschnaubend vor den Pandawas. Die Rechnung Yudhistiras war aufgegangen.

„Hier bin ich!" schrie der Gedemütigte und kam aus seinem Versteck hervor: „Damit ihr es genau wißt, ich wollte mich nicht verstecken, sondern nur für den nächsten Kampf ausruhen."

„Jetzt ist es vorbei mit Ausruhen. Kämpfe!“ erwiderte Yudhistira.

Duryudhana sann nach Ausflüchten, um doch noch dem Kampf zu entkommen, aber Yudhistira ließ sich auf nichts ein und lockte: „Wenn du nur einen von uns besiegst, kannst du das Reich als König behalten, wir gehen dann wieder in die Verbannung.“

Vasudewa erblaßte vor Schreck, denn er wußte, wie geschickt Duryudhana im Kampf war, und tadelte Yudhistira wegen dieses Angebotes. Duryudhana erklärte nun, nur gegen einen der Pandawas mit der Keule antreten zu wollen.

„Wir gehen darauf ein“, meinte Yudhistira, „wenn ihr Feiglinge auch in der Schlacht zuvor den Sohn Arjunas mit sieben Streitern gleichzeitig angegriffen und getötet habt.“

Bima sprang nun vor und rief: „Hört auf zu reden! Ich will gegen den letzten Kurawa kämpfen und ihn töten.“

Bei diesen Worten schwang er seine Keule im Kreis über seinem Kopf, daß sie in der Luft zu pfeifen begann. Duryudhana stürzte sich nun voller Zorn auf Bima. Der parierte den Schlag und versuchte nun ebenfalls, seinen Gegner zu treffen. Der Kampf wurde mit aller Kraft geführt. Wenn die Keulen aufeinanderprallten, stoben die Funken. Voller Sorge beobachtete Vasudewa die beiden Streiter. Duryudhana war der Geschicktere von beiden und brachte seine Schläge unberechenbar und heimtückisch an. Bima war stärker, aber er kämpfte gradlinig und ehrlich.

„Duryudhana wird gewinnen, wenn der Kampf so weitergeht“, äußerte Vasudewa sorgenvoll.

Das hörte Arjuna, und er erinnerte sich an den Fluch, den Bima am Hofe der Kurawas ausgestoßen hatte, als Duryudhana Drupadi in aller Öffentlichkeit bloßstellen und verführen wollte. Dabei zeigte er dem streitenden Bima seine Schenkel. Bima verstand, täuschte Duryudhana und schlug ganz unerwartet mit einem so gewaltigen Schlag auf dessen Schenkel, gerade auf die Stelle, welche durch das Laubblatt verwundbar geblieben war, daß er zersplitterte und Duryudhana mit einem Aufschrei zu Boden fiel. Er blutete so stark, daß an ein Weiterkämpfen nicht zu denken war. Bima lief zu dem Schwerverletzten und setzte ihm seinen Fuß auf den Kopf zum Zeichen, daß er der Sieger war und seinen Feind mit Schmach überladen hatte. Der wehrlose Duryudhana, den Tod vor Augen, stieß einen gewaltigen Schrei aus, der weit durch das ganze Land drang.

Yudhistira ging auf ihn zu und sprach: „Du wirst jetzt bald sterben, weil du so viel Böses getan hast. Aber du hast es besser als wir. Du wirst im Himmel all deine Freunde treffen, während wir hier die Toten beweinen und den Müttern und Witwen beistehen müssen, die uns wortlos in ihrem Schmerz mit verweinten Augen anklagen. Dabei haben wir selbst immer die gebrochenen Augen unserer Söhne und Freunde vor uns."

Mit diesen Worten verabschiedeten sich die Pandawas, um ihn in Frieden sterben zu lassen. Als Duryudhana in den letzten Stunden seines Lebens dahindämmerte, bekam er plötzlich von seinen drei Freunden Besuch, die den Todesschrei gehört hatten und sich ihm vorsichtig näherten. Als sie ihn so regungslos daliegen sahen, sprachen sie zu ihm mit halblauter Stimme: „Wir wissen nicht, ob du uns hören kannst, großer König, aber wir sind bereit, gegen die Pandawas weiter zu kämpfen. Wir brauchen nur deinen Auftrag."

Da öffnete Duryudhana die Augen und machte einen von ihnen, den Sohn des Drona, zum Anführer mit dem Befehl, den Kampf gegen die Pandawas weiter fortzusetzen. Die drei verabschiedeten sich von dem Sterbenden, bestiegen ihren Streitwagen und fuhren los mit der Absicht, die Pandawas bald zu töten.

Der Überfall

Das Glück des Bösen ist von kurzer Dauer

Mittlerweile war es Abend geworden. Die Drei sahen auf der weiten Ebene einen großen Baum aufragen. „Hier können wir heute Nacht schlafen", sagte Dronas Sohn. Sie fuhren auf den Baum zu und banden die Pferde an ihm fest, nachdem sie diese gefüttert und getränkt hatten. Dann legten sie sich unter den Baum und fielen in tiefen Schlaf. Nur der Sohn Dronas blieb wach. Er war von den schrecklichen Erlebnissen so erregt, daß er nicht schlafen konnte, und starrte zum Sternenhimmel. Mit einem Mal vernahm er ein Sausen in der Luft. Eine große Eule schwebte herbei und setzte sich gerade auf den Baum. Gespannt verfolgte nun der junge Mann das weitere Treiben der Eule. Diese stürzte sich auf die Krähen, die auf den Zweigen des Baumes in ihren Nestern saßen und schliefen. Die Eule hackte auf die Krähen ein, die im Schlafe völlig überrascht waren, und tötete alle.

Wie ein Blitz durchzuckte es nun den Sohn. Das war ein Zeichen des Himmels. Sie mußten es genau so mit den Pandawas machen, wie die Eule mit den Krähen.

Er sprang auf und rüttelte seine Freunde wach: „Steht auf! Wir wollen jetzt im Schutze der Dunkelheit die Pandawas überfallen!"

„Das ist gegen jede Abmachung", murmelten die Freunde widerwillig im Schlaf.

„Noch nie war die Gelegenheit so günstig. Kommt!", und schon sprang er auf und setzte sich in Richtung Lager in Bewegung.

Da blieb den beiden nichts anderes übrig, als ihm zu folgen. Im Schutze der Dunkelheit konnten sich alle drei unbemerkt bis ans feindliche Lager heranschleichen. Hier hielten sie inne und lauschten. Nichts im Lager regte sich. Man hörte das tiefe Atmen der Schläfer. Vom Himmel fiel das sanfte Licht des Vollmondes auf die wenigen Zelte. Aus der Ferne bellte ein Hund. Einer der Männer drehte sich mit leisem Rascheln auf seinem Lager zur anderen Seite. Frieden lag auf dem Land, der jeden wachenden Menschen zum Beten und Meditieren einlud. Die drei Kurawas blieben davon unbeeindruckt. Der Sohn Dronas befahl nun seinen Begleitern, keine Pandawas aus dem Lager fliehen zu lassen, dann verschwand er in der Dunkelheit. Man hörte einige gedämpfte Geräusche und erstickte Schreie. Der Sohn Dronas hatte mit Morden angefangen. Er rannte von Zelt zu Zelt und erschlug mit seinem Schwert die schlaftrunkenen Soldaten. Diese versuchten sich noch zu wehren, aber in der Dunkelheit trafen sie nur die eigenen Leute. In panischer Angst ergriffen nun viele die Flucht. Sie wurden von den Freunden des Mörders in Empfang genommen und in der Schwärze der Nacht umgebracht. Dann zündeten die beiden Begleiter das Lager an den Ekken an. Hell schlugen die Flammen empor, und viele kamen schreiend darin um. Über die gierenden Flammen hinweg sahen die beiden ihren Freund. Das blutige Schwert schwingend sprang er über die Flammen und tötete im ganzen Lager. Endlich wurde alles still, totenstill. Kein Mensch lebte mehr. Am Horizont zeigte sich das erste Morgenlicht. Blutverschmiert, mit vor Mordlust hervorgetretenen Augen, löste sich der Sohn Dronas vom Orte des Schreckens. Zu dritt suchten sie Duryudhana auf. Ob er noch lebte? Geier hatten sich zu seinen Füßen gesetzt und um ihn herum schlichen heulende und knurrende Schakale. So riefen die drei dem Sterbenden nach, daß sie den Tod der Kurawas blutig gerächt hätten, und zogen von dannen.

Ein schrecklicher Fluch

Krieg ist grenzenlos böse

Die drei Weggefährten trennten sich nun. Der Sohn Dronas zog allein in die Wälder. Hier glaubte er sich vor allen Nachstellungen durch die Pandawas sicher. So wäre es auch gewesen, wenn nicht Drupadi, nachdem sie ihre erste Verzweiflung über den Tod ihrer Lieben mit Hilfe Yudhistiras überwunden hatte, darauf bestanden hätte, den großen Diamanten mit Zauberkräften aus dem Diadem Dronas zu erhalten. Dieser Stein war nun in den Besitz seines Sohnes übergegangen. Er stellte mit seiner bösen Magie eine stete Bedrohung für die Pandawas dar und konnte jederzeit den Frieden der Pandawas zunichte machen. Bima machte sich unverzüglich auf den Weg, um den Diamanten zu holen. Er folgte den Spuren des Flüchtenden, was verhältnismäßig leicht war, weil dieser nicht mit einer Verfolgung gerechnet und seine Spuren nicht beseitigt hatte. Vasudewa hörte von dem Unternehmen des Bima und voller Sorge warnte er Yudhistira: „Dieser heimtückische Mörder hat von seinem Vater eine Waffe bekommen, gegen die Bima nicht bestehen kann. Wir müssen Bima sofort nacheilen, um ihn von seinem Vorhaben abzubringen."

Vasudewa, Yudhistira und Arjuna bestiegen ihren Streitwagen und rasten hinter Bima her. Sie erreichten ihn auch und versuchten, ihn von seinem Plan abzubringen. Bima war jedoch so voller Zorn, daß er nicht fähig war, auf ein vernünftiges Wort zu hören. Er nahm die Verfolgung wieder auf. Da bemerkte ihn der Flüchtende, richtete seine Zauberwaffe auf ihn und schoß. Das hatte zum

Glück Arjuna gesehen, der Bima gefolgt war. Er riß eine seiner göttlichen Abwehrwaffen hervor, zielte auf die in der Luft fliegende Zauberwaffe und drückte ab. Die beiden Waffen trafen sich hoch in der Luft und führten zu einer gewaltigen Explosion. Fontänen von Funken sprühten in hohem Bogen zur Erde.

Das gewahrte ein weiser Einsiedler, der im ganzen Land durch seine Geisteskraft bekannt war, die er in vieljähriger Askese und Meditation gesammelt hatte. Er eilte zu dem Flüchtenden und forderte ihn auf, den Stein herauszugeben, anderenfalls er ihn töten werde. Widerwillig trennte sich Dronas Sohn von dem Stein. Der Einsiedler nahm den Zauberdiamanten und übergab ihn den Pandawas.

Der in Bedrängnis gebrachte Mörder aber schrie: „Meine Zauberwaffe ist noch nicht entschärft. Sie soll alle noch ungeborenen Kinder der Pandawafrauen töten."

Nun erhob sich Vasudewa und verfluchte den Kindermörder: „Dreitausend Jahre sollst du im Wald umherirren, keinem Menschen begegnen und von furchtbaren Krankheiten befallen werden!" Und so geschah es auch.

Drupadi erhielt nun den Stein, der durch seine magischen Kräfte wertvoller war als alle Schätze der Pandawas. Alle Kinder, die in der Folgezeit geboren wurden, kamen durch den Fluch tot zur Welt, bis auf eins, das, zuerst leblos, von Vasudewa zum Leben erweckt wurde und später als einziger Stammvater das Geschlecht der Pandawas erhalten sollte.

Trauer und Frieden

Früchte des Krieges sind Qual und Trauer

Der schreckliche Krieg war nun endgültig vorbei. Aber welche Wunden hatte er hinterlassen. Eltern trauerten um ihre Kinder, Frauen um ihre Männer, Schwestern um ihre Brüder, Mädchen um ihre Verlobten. Es war so schrecklich, daß man es mit Worten nicht wiedergeben kann. In einem großen Zug kamen die Trauernden langsam mit vor Schmerz stockenden Schritten zum Schlachtfeld. Sie suchten mit vor Entsetzen weit geöffneten Augen die Leichen ihrer Lieben, umarmten sie, als ob sie noch lebten, und vergossen bittere Tränen. Andere saßen stumm, wie versteinert, neben den Leichen und starrten ins Leere. Auch Destarasta war darunter mit seiner Frau Gendari, gefolgt von Kunti, die den Tod ihres Sohnes Karna und ihrer Enkel beweinte. Vasudewa und die anderen Pandawas kamen ihnen entgegen. Es war für sie ein Anblick, den sie, selbst von Trauer erfaßt, nie vergessen würden, als sie den nun alten, blinden Destarasta vor sich sahen, auf einem Stock gestützt, gebrochen vom Leid. Aus seinen erloschenen Augen rannen Tränen. Seine Hände zitterten, und nur mit Mühe setzte er Schritt vor Schritt.

Dann kam die Begrüßung mit der Bitte um Vergebung. Vasudewa nahm das Wort und sprach zuerst: „Denkt bei allem Leid daran, daß die Seele unsterblich ist und der Leib nur eine vergängliche Hülle darstellt. Aber nur, wer sich von den Wünschen der Sinne frei macht und damit jeglichem irdischen Begehren entsagt, wird – von den Fesseln der Wiedergeburt befreit – Erlösung finden. So versinkt nicht in eurem Leid, sondern strebt danach, als Erlöste ein Wiedersehen zu feiern."

Diese Worte empfanden alle als hart, aber auch als wahr, und sie fanden Stärkung in ihnen.

Dann begann man, von überallher gewaltige Mengen von Holz herbeizutragen und es zu einer großen Zahl von Scheiterhaufen aufzustapeln. Man legte die Toten obenauf. Die Priester segneten sie mit geweihten Wasser und begannen, die Totengesänge anzustimmen. Gongs erklangen, erfüllten mit ihren tiefen, monotonen Schlägen die Luft und riefen die gnädigen Geister herbei. Dann warf man die Feuer an die Holzscheite, und unter Weinen und Wehklagen verbrannten die Krieger wie eine gewaltige Opfergabe.

Danach machten sich die Pandawas auf den Weg zum heiligen Fluß. Dort vollzogen sie ihre rituellen Waschungen, fasteten und meditierten, um sich vom ekelhaften Schmutz des Krieges zu reinigen und auf ihre neue Aufgabe vorzubereiten. Noch einmal stiegen in Yudhistira die geliebten Toten vor seinen Augen in der Erinnerung auf. Dabei vermißte er sie so sehr, daß er vor Trauer nicht mehr weiter als König leben wollte.

„Laßt mich in die Einsamkeit des Waldes gehen, dort meditieren und mich unerkannt auf meinen eignen Tod vorbereiten", meinte er zu seinen Brüdern, die über solche Worte sehr erschraken.

Sie liefen sogleich zu Vasudewa, um ihm von den Plänen seines Bruders zu berichten. Vasudewa suchte ihn auf und machte ihm klar, daß die Überlebenden ein Recht auf ihn als König hätten. Es gehöre zu seinen königlichen Pflichten, nicht in Trauer zu versinken, sondern für das weitere Wohl seiner Untertanen zu sorgen. Yudhistira hörte auf die Worte und ließ seine Angehörigen sich versammeln. Mit ihnen zog er in seine einstige Hauptstadt, deren Rückgabe ihm die Kurawas verweigert hatten, feierlich ein. Die Bürger der Stadt bereiteten ihm einen triumphalen Empfang, aber über das Gesicht Yudhistiras huschte nur ein mattes Lächeln, zu sehr wüteten in ihm noch Schmerz und Ratlosigkeit. Es hielt ihn auch nur wenige Tage am Hofe, und er zog mit allen Verwandten und Freunden auf das Schlachtfeld zurück, auf dem Bisma immer noch lebte. Bei ihm wollte er sich Rat holen.

Bisma freute sich über den Besuch, obwohl er unsägliche Schmerzen litt. Yudhistira erhielt nun von Bisma klare und eindeutige Verhaltensregeln, wie er als König milde, verständnisvoll und gütig regieren solle, damit der Frieden Bestand habe und alle Untertanen glücklich seien. Dann schloß er mit den Worten: „Der Mensch besteht aus Sterblichkeit und Unsterblichkeit. Nur der Dumme setzt sein ganzes Streben auf die Sterblichkeit. Der Kluge trachtet nach der Wahrheit, welche unsterblich ist. Dieses Wissen um die Wahrheit ist der höchste Besitz. Nichts reinigt den Menschen so sehr wie das Streben nach der ewigen Wahrheit, nichts erfreut so sehr wie Freigebigkeit und nichts versklavt so sehr wie Begierde."

Demütig verneigte sich Yudhistira und ging schweigend in die Stadt zurück.

Dann aber war die Zeit gekommen, die Bisma als seine Todesstunde bestimmt hatte. Diese Gabe hatte er, wie wir bereits wissen, von seinem Vater Sentanu als Geschenk erhalten. Alle Leute der Stadt und die ganze noch lebende Familie zogen in einem feierlichen Zug ein letztes Mal zum Schlachtfeld, um Bisma die Ehre zu geben. Er begrüßte die Ankömmlinge und versank dann in eine tiefe Meditation. Schweigend scharte sich die Menge um ihn, ebenfalls in Meditation und Gebet versunken. So schwand das Gefühl für Raum und Zeit. Endlich öffnete der jüngste unter den Priestern seine Augen und sah, daß Bisma gestorben war. Voller Ehrfurcht erhob er sich, ging auf den Toten zu und schloß dessen Augen. Dann verharrte er noch im Gebet und stimmte mit den Priestern in die Klagegesänge ein. Kurze Zeit später erfolgte das ehrenvolle Begräbnis.

Buch VIII

Friedliche Jahre

Früchte des Friedens sind Wohlstand und Glück

Yudhistira kehrte mit den Seinen zur Hauptstadt zurück und regierte so gütig und gerecht, wie Bisma es ihm vorher erklärt hatte. Freude und Zufriedenheit hielten immer mehr unter den Bewohnen Einzug. Yudhistira schöpfte seine Kraft von Gott, dessen Wesen er in der Meditation immer wieder aufs neue erfuhr. So vergingen die Jahre, als eines Tages die Priester des Palastes zu ihm kamen mit der Bitte, die Zeit sei gekommen, wieder ein Pferdeopfer zu zelebrieren, um alle Nachbarkönigreiche in das den Göttern wohlgefällige Reich einzubinden.

„Ich füge mich dem Willen der Götter, was immer es auch sein mag", gab Yudhistira zur Antwort. Man fing nun ein besonders wertvolles Pferd und gab ihm die Freiheit, dahin zu traben, wohin der Weg es führte. Arjuna folgte dem Pferd und hatte die Aufgabe, die Bewohner der Länder, welche das Pferd betrat, zum freundschaftlichen Dienst für das Reich seines Bruders zu bitten. Die meisten Länder erklärten mit Freude, Yudhistira als den mächtigsten Kaiser anzuerkennen und als Gäste am Pferdeopfer teilzunehmen. Manche aber sträubten sich und wurden von Arjuna nach kurzem Kampf gezwungen. Unterdessen baute Yudhistira einen eigenen Stadtteil mit prächtigen Häusern für die eintreffenden Gäste. Jeder Gast wurde auf das trefflichste bewirtet und umsorgt. Dann kam Arjuna mit dem Pferd zurück, und das Opfer konnte beginnen. Es wurde ein solch gewaltiges religiöses und einträchtiges Fest daraus, daß man noch Generationen später von ihm sprach.

Dann aber kam der Tag, an dem der alte Destarasta Yudhistira aufsuchte. Er hatte bisher ein Leben in aller Ehre bei den Pandawas führen können. Ja, er war der am höchsten geschätzte Weise und Berater Yudhistiras im ganzen Reich. Vor ihm neigten sich die Bürger in Ehrfurcht, wohin er auch kam. Wenn Destarasta dies alles auch nicht sehen konnte, so spürte er doch sehr wohl die Welle des Wohlwollens, die ihn trug. So schaute er recht zufrieden auf seinen Lebensabend. Er wußte aber auch, daß er so nicht aus diesem Leben mit all seinen Annehmlichkeiten scheiden wollte. Destarasta trat vor Yudhistira und ergriff lange und ernst seine Hand, dann vertraute er ihm an, daß er in die Einsamkeit gehen werde, um sich dort auf sein irdisches Ende vorzubereiten. Yudhistira war zutiefst erschrocken, denn er hatte den alten Mann wie seinen eigenen Vater lieb gewonnen. Aber Destarasta war fest in seinem Entschluß zu gehen, und Yudhistira verstand ihn und willigte ein – wenn auch schweren Herzens. Als nun aber auch Gendari und sogar seine eigene Mutter Kunti Destarasta begleiten wollten, gab es Yudhistira einen Stich ins Herz. Vergebens versuchte er, seine Mutter zu überreden, doch bei den eigenen Söhnen zu bleiben und hier zu sterben. Aber Kunti entgegnete: „In meinem Alter ist es besser, sich schon langsam von allen Lieben dieser Erde zu lösen und auf das Jenseits vorzubereiten. Ich möchte das Ende meines Lebens so gestalten, daß der Tod nur ein Hinübergleiten in eine mir schon vertraute jenseitige Welt bedeutet. Natürlich werde ich auch in der Ferne immer in Gedanken bei euch sein. Dafür bin ich eure Mutter."

Tränen flossen bei den Scheidenden, denen sich auch Vidura zugesellt hatte, aber auch bei den Zurückbleibenden: Tränen des Abschieds und Tränen des gegenseitigen Verstehens. Im rauhen Büßergewand zogen die alten Männer und die beiden Frauen mit einer nur kleinen Schar von Dienern davon. Die ganze Stadt hatte sich zum Abschied auf einem Hügel versammelt und schaute den Eremiten so lange nach, bis sie im Dickicht des Waldes verschwanden. Destarasta traf tief im Wald seinen Freund, der schon lange dort meditierte. Er ließ sich von ihm in das Einsiedlerleben einweihen. Vidura aber zog nach einer Weile weiter in die totale Einsamkeit, wo er meditierend unmerklich in den Tod hinüberglitt. Nach drei Jahren entstand an der Stelle, wo sich der alte König und die Frauen aufhielten, ein Waldbrand. Zu spät gewahrten sie ihn, zu langsam waren ihre Schritte, die sie den durch Alter und Hunger geschwächten Körpern abringen konnten. Das Feuer holte sie ein, und sie ergaben sich ihrem Schicksal, laut die Güte Gottes preisend.

Die Nachricht von dem Unglück verbreitete sich in Windeseile über das ganze Land. Die Pandawas bereiteten eine feierliche Beerdigung vor. Das war alles, was sie noch für ihre geliebten Angehörigen tun konnten.

Jetzt lebte von der alten Familie nur noch Vasudewa. Als dieser sich müde nach einer Jagd unter dem Schatten eines Baumes niedergelassen hatte, entdeckte ihn von weitem ein Jagdgenosse, erkannte ihn aber nicht. Im Gegenteil glaubte er, es handele sich um ein Wild; so legte er an, zielte und schoß einen vergifteten Pfeil ab, der Vasudewa am Fuß traf. Der Jäger eilte frohgelaunt zu dem vermeintlich erlegten Wild. Wie vom Blitz getroffen blieb er plötzlich stehen, als er sah, daß er Vasudewa getroffen hatte. Laut um Vergebung bittend stürzte er sich zu seinen Füßen und war außer sich vor Trauer und Angst, wußte er doch, daß dieser Pfeil mit tödlichem Gift behaftet war. Vasudewa tröstete den Verzweifelten und verzieh ihm. Dann legte sich ein himmlisches Lächeln um die Lippen des Sterbenden, und er glitt voll Vertrauen und Liebe in die Arme des Todes. Bald war auch diese Nachricht dem Hofe überbracht, und Yudhistira nahm sie gefaßt auf.

Die letzte Fahrt

Die Verbundenheit mit Gott suchen ist das Wertvollste. Das Jenseits ist ganz anders, als die Vorstellungen der Menschen es beschreiben. Um es Menschen darzustellen, bedarf es der Bilder aus seiner Umgebung.

Man sah Yudhistira jetzt immer öfter eine bestimmte Stelle aufsuchen, wo er sitzend meditierte. Diese Stelle lag im Bereich des königlichen Palastes, von hohen Mauern umgeben, vor denen mächtige Bäume standen, die im Wind leise rauschten. Von hier aus hatte man einen weiten Blick über die Mauer hinweg auf die hellgrüne und fruchtbare Ebene, den Fluß, der sich silbern dahinzog, und auf die goldenen Dächer der reichen Bürgerhäuser der Stadt. Auf den Straßen in der Ferne wimmelte es von hochbeladenen Wagen und buntgekleideten Menschen, die alle der Stadt zueilten, seiner Stadt, für die er gelebt, gekämpft und gelitten hatte. Viele Jahre, ja Jahrzehnte hatte er sich um das Wohl der Menschen gekümmert.

Er war mit einem Male ganz sicher, daß diese Zeit für ihn nun vorbei war. Die Stadt konnte ohne ihn leben. Warum sollte er sich noch an sie hängen. Ihm fielen all die weisen Worte seiner Lehrer und Berater ein, welche ihn stets mit gleichen Worten gemahnt hatten, seinen Sinn nicht auf Vergängliches zu lenken, sondern sein Handeln nach der Ewigkeit auszurichten. Yudhistira wußte mit einem Male, was er zu tun hatte.

Er rief seine Familie in den Thronsaal und teilte ihr mit, daß er jetzt in die Einsamkeit ziehen würde, um sich auf eine andere Wirklichkeit vorzubereiten. Er wolle nun seine Krone in die Hand seiner Geschwister legen. Diese waren tief betroffen, auch Drupadi, welche mit dabei war. Stille trat ein, atmende Stille. Wie lange sie währte? Keiner wußte darauf eine Antwort. Dann traten nacheinander seine Brüder vor und sagten nur: „Ich gehe mit." Drupadi schloß sich an. Als die Bewohner der Stadt davon erfuhren, stürzten sie voll Aufregung zum Palast, um die Pandawas und ihre Frau aufzuhalten. Bald merkten sie, daß der Entschluß der Pandawas zur Abreise unumstößlich war.

Nun wurden die letzten Vorbereitungen getroffen. Zum Nachfolger bestimmte Yudhistira den einzigen noch lebenden Sproß der Pandawas. Einen großen Teil seines Vermögens verteilte er unter die Bürger der Stadt.

Dann folgte der Abschied für immer. Alle Bürger der Stadt winkten weinend den Scheidenden ein Lebewohl zu. Sie wußten, daß von jetzt ab ein neues Leben für sie beginnen würde, und fühlten sich ohne die starken Pandawas machtlos und schwach. Mochten sie auch vorher noch so sehr mit den Gütern der Pandawas beschenkt worden sein, sie blickten sorgenvoll in die Zukunft. Ihr Lebenseifer war erlahmt, sie fühlten sich alleingelassen, wenn sie auch den Entschluß ihrer Herrschaft verstanden.

Aber auch für die Pandawas bedeutete dieser Abschied Abkehr von den Freuden des irdischen Lebens, dazu auch Trennung von allen liebgewordenen Freunden, von allem Wertvollen, was sie sich im Laufe der vielen Jahre geschaffen hatten.

In graues, grobes Büßergewand gehüllt gingen sie dahin: die fünf Pandawas und Drupadi. Alle Diener, allen Fahnenschmuck, alle Annehmlichkeiten hatten sie in der Stadt gelassen. Ein paar Lebensmittel und Wasservorräte schleppten sie mit sich. Sie waren jetzt bitterarm geworden.

Mit jedem ihrer Schritte wuchs die Anstrengung. Mit jedem ihrer Schritte mehrte sich das Heimweh nach ihren Lieben daheim. Mit jedem ihrer Schritte sank alles dahin, was ihnen bisher Stolz und Ansehen verschafft hatte. Sie waren ganz gewöhnliche, arme Menschen geworden, die sich durch eine weite Wüste quälten.

Schweigend zog die kleine Schar der Verlorenen dahin. Jeder war mit sich selbst beschäftigt. Jeder litt Durst und Hunger und ertrug die Weite des staubigen Weges für sich alleine.

Doch in diese Verzagtheit hinein begann mit dem Schwächerwerden der Kräfte ein Licht aus dem Inneren zu leuchten. Erst kaum merklich wahrnehmbar, dann sich verstärkend und endlich zu einer Sonne anwachsend, die sie mit Freude erfüllte. Dieses Licht hatten sie viel schwächer schon beim Meditieren erfahren. Es war ein Licht, das lockte, das Freude versprach und in nie dagewesenen Maße wie ein Feuersturm über jeden einzelnen von ihnen hereinbrach.

Die Wanderer stiegen jetzt mühsam einen Berg hinauf. Dabei fiel kaum auf, daß sich ihnen ein unscheinbarer kleiner Hund zugesellte, der treu ihren Spuren als letzter folgte.

Drupadi verließen als erste die Kräfte. Mit lautem Schrei fiel sie in einen tiefen Felsspalt und wurde zerschmettert. Einen Augenblick hielten die Pandawas bei ihrer Wanderung inne.

„Warum gerade Drupadi?“ stieß Bima hervor.

Yudhistira belehrte ihn mit Tränen in den Augen: „Drupadi hat ein makelloses Leben geführt und sich unendlich viele Verdienste erworben, aber sie hat Arjuna mehr geliebt als uns. Dafür hat sie nun gebüßt. Wir werden sie bald wiedersehen.“

Weiter schleppte sich die Schar der Pilger den Berg hinauf. Da rutschte Sahadewa aus, glitt einen Abhang hinunter und stürzte in die Tiefe.

Wieder war es Bima, der fragte: „Warum gerade er? Er war stets bescheiden, hat nie ein Gebot übertreten, niemanden beleidigt?“

„Er hielt sich für den Klügsten auf dieser Welt. Dafür hat er nun gebüßt. Wir werden ihn bald wiedersehen“, gab Yudhistira zur Antwort.

Keuchend kletterten die Männer weiter. Da ein Schrei. Nakula verschwand in der Tiefe.

Wieder wußte Yudhistira die Antwort auf die Frage Bimas: „Nakula war sittsam und brav, aber er meinte, der Schönste unter allen Menschen zu sein. Dafür hat er nun gebüßt. Wir werden ihn bald wiedersehen."

Trotz dieser Antwort füllten sich die Augen Arjunas mit Tränen. Er gedachte seiner innigst geliebten Drupadi und seiner beiden Brüder. Dabei übersah er einen großen Stein, stolperte und stürzte hinab, ohne Halt zu finden.

„Er hielt sich für den größten Krieger aller Zeiten. So mußte er büßen, wenn er auch sonst noch so gut war. Wir werden ihn bald wiedersehen", meinte Yudhistira.

Nur noch zu zweit kämpften sich die beiden Brüder den Berg hinan. Dann fiel Bima hinab.

„Hättest du doch nicht geglaubt, du seiest der Stärkste aller Männer gewesen, so wärest du jetzt noch bei mir", seufzte Yudhistira.

Allein schritt er unbeirrt weiter, nur noch gefolgt von dem kleinen Hund, der sich dicht an seine Fersen heftete. Yudhistira gelangte völlig erschöpft auf den Gipfel des Berges. Dort ließ er sich außer Atem auf einem Felsbrocken nieder und schloß die Augen.

Plötzlich hörte er ein Donnern um sich her, vermischt mit dem Pfeifen und Heulen eines gewaltigen Sturmes. Vom Himmel schwebte ein riesiger goldener Streitwagen herab, gerade auf ihn zu. Am funkelnden Panzerkleid erkannte Yudhistira den Gott Indra, den höchsten der Götter.

Dieser begann mit mächtiger Stimme zu rufen, daß es in den Bergeshängen widerhallte: „Yudhistira, ich bin gekommen, um dich mit meinem Wagen als einzigen Menschen lebend in den Himmel zu bringen. Komm, steig ein!"

Yudhistira antwortete: „Großer Gott, zu gerne würde ich Eurem Wunsche entsprechen, und ich bin mir der Ehre bewußt, an der Herrlichkeit des Himmels teilnehmen zu dürfen, aber ich verlor hier auf dem Berge meine Frau Drupadi und meine vier Brüder. Ich kann sie nicht im Stich lassen, auch wenn sie schon tot sind."

Indra freute sich über diese Antwort, merkte er doch, wie uneigennützig Yudhistira war, der aus Liebe zu seinen Geschwistern auf die Freude des Himmels verzichten wollte: „Komm steig ein, du wirst deine Brüder und deine Frau im Himmel wiedersehen. Sie sind jetzt schon dort und warten auf dich."

Gerade wollte Yudhistira einsteigen, als er seinen Hund zu seinen Füßen sah, der sich ängstlich an seine Beine geschmiegt hatte und ihn winselnd anschaute. „Ich fahre nur mit, wenn ich diesen Hund, der mich die ganze Zeit so treu begleitet hat, mitnehmen darf.“

Indra antwortete etwas unwirsch: „Du hast Drupadi verlassen, du hast deine Brüder verlassen, und jetzt machst du so ein Geschrei wegen dieses elenden Mischlings.“

Yudhistira verneigte sich tief: „Hoher Herr, Drupadi und meine Brüder sind tot, und ich kann sie nicht mehr zum Leben erwecken. Aber dieser Hund braucht mich und wäre ohne mich verloren. Außerdem kann ich seine Treue nicht enttäuschen. Nein, ohne Hund steige ich nicht ein.“

Kaum hatte Yudhistira seine Rede beendet, ging etwas Seltsames mit dem Hund vor. Er begann sich von innen heraus zu bewegen, wurde größer, verlor sein Fell, verzog sein Hundeschnauze: Vor Yudhistira stand der Gott des Todes und der Gerechtigkeit.

„Ich sehe, daß sich dein Edelmut und deine Liebe zu allen Lebewesen nicht verändert haben, und werde dich in den Himmel begleiten“, erklang mild seine Stimme.

Beide sprangen nun auf den prächtigen Himmelswagen, und die Fahrt begann aufwärts durch dicke Wolkenwände geradewegs zum Paradies des Gottes Indra.

Voll Freude und Erwartung sprang Yudhistira vom Wagen und wurde herzlich empfangen. Dabei sah er in der Ferne ein Strahlenbündel aufsteigen. Neugierig blickte er dorthin.

„Komm mit, unser Weg führt dich sowieso dort vorbei“, sagte sein himmlischer Begleiter und hakte sich bei Yudhistira unter.

Plötzlich blieb Yudhistira erschrocken stehen. „Das kann doch nicht wahr sein!“ schrie er voll Entsetzen. Er sah vor sich seinen größten Feind, den Schurken Duryudhana, auf einem Himmelsthron sitzen.

„Beruhige dich“, meinte sein Begleiter, „Duryudhana hat viel Böses getan, aber er hat sein Leben im Kampf gelassen und damit seine Missetaten gebüßt. Hier oben kennt man weder Haß noch Abscheu.“

Yudhistira aber konnte sich nicht beruhigen: „Ich möchte meine

Brüder, meine Frau und meine Freunde sehen, wie Indra es mir versprochen hat, als ich zu ihm in den Wagen stieg."

Der Begleiter führte ihn lächelnd weiter. Sie trafen einen anderen Führer, der eine stattliche und strahlende Gestalt hatte und wie ein Gott aussah. „Komm, ich gehe voran, folge mir!" sprach er zu Yudhistira.

Man trat nun eine lange Wanderung an. Der Weg wurde immer schmaler und schmutziger. Das Licht vom himmlischen Thronsaal erlosch immer mehr und machte einer fadgrauen Dunkelheit Platz. Es begann zu stinken. Ungeziefer kroch umher. Aber es kam noch schlimmer. Yudhistira sah vor sich im Staub einen abgehackten Menschenarm liegen, der in Verwesung übergegangen war. Bald wimmelte es überall von Leichen, aus denen Würmer und Maden krochen. Dann hörte er Stimmen, welche in Verzweiflung und Qualen tierische Laute ausstießen.

„Halt!" rief Yudhistira seinem Führer zu, „Ich will zu meinen Brüdern."

Da hörte er mit einem Male, wie sich ihm einzelne Stimmen näherten. Nun vernahm er deutlich: „Ich bin Karna, ich bin Bima, ich bin Arjuna, ich bin..."

Hier war seine Familie also gelandet, an diesem Ort des Ekels und der Pein.

„Komm!" mahnte sein Führer, „der Weg ist hier zu Ende. Wir müssen umkehren."

„Nein, ich bleibe hier", antwortete Yudhistira mit fester Stimme, „ich werde hier bei meiner Familie bleiben, auch wenn dieser Ort noch so entsetzlich ist."

Daraufhin ging der Begleiter Yudhistiras von dannen. Er berichtete den Göttern von dessen unumstößlichem Entschluß, in der Hölle zu bleiben. Da ging ein Jubelruf durch das ganze Paradies, die Finsternis verwandelte sich in strahlende Helle, die Luft wurde von Wohlgerüchen erfüllt, aus der Ferne erklangen die lieblichen, ruhigen Klänge des Gamelans. Alle Pandawas schüttelten den Schmutz des Morastes von sich ab, bestiegen die sicheren Gestade des Paradieses und umarmten sich in überglücklicher Wiedersehensfreude.

Als sich alle ein wenig beruhigt hatten, sprach der Gott Indra: „Yudhistira, du hast deine letzte Probe bestanden. Mit deinem Leiden in der Hölle hast du alle deine Sünden und Bosheiten, mit denen jeder Mensch behaftet ist, abgebüßt und bist jetzt bereit, gereinigt in den Himmel einzugehen, zusammen mit deiner Familie und deinen Freunden."

Yudhistira nahm ein Bad im heiligen Fluß. Seine leibliche Hülle fiel von ihm ab, zugleich wich damit jegliches Gefühl von Haß, Zorn und Leidenschaft.

Der Himmel öffnete sich und gewährte den Pandawas Eingang zur ewigen Freude und Herrlichkeit.